カリスマコーチが教える走りの「新常識」

「体幹」ランニング

TAIKAN Body Core Running

金哲彦

「ラクに走る力」を引き出そう

2007年の東京マラソンなどがきっかけになり、多くの人が「走る」ことに目覚めました。これまではどちらかといえば、「走ること＝つらいこと」ととらえられがちだった固定観念が、静かな変化を遂げつつあります。

子供の頃、走ることが決して得意ではなくてもランニングが十分に楽しめること、さらに自分の健康増進に役立つことに、多くの人が気づき始めたのです。ランニングブームは、人々が心身共に健康的に暮らしていくという意味で、この国にとって、大いに歓迎される文化だと思います。

しかし、そのようなランニングブームのなか、見逃せない問題がひとつあります。それは、せっかく走ることに目覚めたにもかかわらず、正しい走り方をしていないために、ケガや故障に苦しむ市民ランナーが、かなりの割合で存在する

Prologue

ことです。

そもそも、日本の学校教育で、走り方を教わることはあまりありません。それは、〝走る〟ことが、あまりにも当たり前の行為なので、「教えることなど何もない」と考えられているからでしょう。けれども、その考えは間違っています。正しい走り方と方法論は、確かに存在します。

正しい走り方を知れば、誰でもトップランナーのような、機能的で美しいフォームでラクに走れるようになります。それだけではありません。正しいフォームで走ることによって、ダイエット効果も高まり、同じ労力でも自然とタイムがよくなります。正しいランニングのもたらす効果は、とても魅力的なものです。

そのためのキーワードが「体幹《たいかん》」です。体幹とは、身体の胴体部分を指します。重要な働きをする筋肉や内臓が詰まったその胴体部分を最大限活用して走るテクニック、それが「体幹ランニング」です。この「体幹ランニング」こそ、正しい走り方そのものなのです。

残念ながら、周囲を見渡すと、市民ランナーで体幹をう

まく使って走っている人は、2割にも満たないのが現状です。しかし、あきらめることはありません。本書をしっかり読み、「体幹エクササイズ」を行えば、眠っていた身体が目覚めます。その感覚は、まるで野生に戻ったような快感です。きちんと理解さえすれば、誰にでも「体幹ランニング」はできるようになるのです。

「体幹ランニング」は、地球上にあるすべての物体が共通に影響を受けている〝重力〟という物理法則を活用する走り方です。人間の身体も、地球上ではひとつの物体。その物体には、重心というものがあります。そして、物体が効率的に移動するためには、重心をうまく運ぶのが最適なのです。

また、人間が走るということを考えるうえで、身体の構造も考慮に入れなくてはいけません。身体は、胴体、つまり体幹を中心として、頭、腕、脚などが、相互に関係性をもちながら働いています。そんな複雑な構造をもった人間の身体も、体幹を中心に考えれば、とてもシンプルになります。

Prologue

「体幹ランニング」では、人間が走る一歩一歩、すなわち地面に着地する際に体幹の筋肉をフル活用して、大きなエネルギーを地面からもらいます。そして、身体の重心を少しだけ前に傾けるだけで、そのエネルギーを推進力に変えていくことができるのです。テレビで見るトップランナーのランニングフォームを、注意深く見てください。みな、そのような走り方をしています。

本書は、これまで数多くの市民ランナーを指導してきたプロ・ランニングコーチとして、「正しいランニングとは？」という問いに対して到達したひとつの結論です。そして、これまで私が展開した理論の集大成でもあります。「体幹ランニング」は、市民ランナーはもちろんのこと、すべての人たちに伝えておきたい真理なのです。

こむずかしい話はこれでおしまい。まずは深呼吸して、第1章から読んでみてください。

2007年10月

金 哲彦

「体幹」ランニング

目次

TAIKAN
Body Core Running
Contents

TAIKAN
Body Core Running
Contents

第1章

体幹ランニングとは何か？

「体幹ランニング」は、
選手とコーチを合わせた私の30年の経験によって、
たどり着いた究極のランニング法だ。
これを実践すれば、誰もがより速く、よりラクに
走れるようになる！

まずは、2つの走りを比較してみよう

上の写真は、すぐに疲れてしまう、よくありがちな走り方。下の写真は、いくら走っても疲れにくい、体幹を使った走り方です。2つの違いはどこにあるのか、この本の中で明らかにしていきます。第1から5章まで読んだら、再びこの写真を見て、違いをチェックしてみてください。

よくありがちな走り（「脚だけランニング」）

体幹を使った理想の走り（「体幹ランニング」）

トップランナーの走りの秘密「体幹」とは？

「トップランナーは体幹で走っている！」

「体幹（＝ボディコア）」という言葉は、一般の方には聞きなれない言葉かもしれません。しかし、走ることを含めたすべての体の動きにとって重要なキーワードです。

体幹とは、ひと言で言えば〝胴体〟のことです。体を一本の樹木と考えてみてください。幹にあたるのは胴体であり、そこから腕、脚、指などが枝分かれしています。体幹とは、文字どおり体の「幹」であり、そこには、走るときに重要な働きをする背中、お腹、お尻などの筋肉、骨盤があります。

体の「幹」と腕や脚などの「枝」の部分との違いは、そこに存在する筋肉の大きさや機能にあります。腕や脚の筋肉に比べて、背中やお腹の筋肉が大きいのは一目瞭然。筋肉が大きいということは、それだけ大きな力が生み出せるということです。

言い換えれば、「体幹は力を発揮する源」。脚や腕ばかりに意識が行きがちですが、体幹を使えば、ラクに走れるのです。トップランナーたちは、みんなこの体幹を使って走っています。

私たちは、立ったり、座ったりという動作で、体幹の筋肉を使っています。しかし、体を動かす機会が減ったため、体幹を十分に動かしているとはいえません。さらにこうした日常生活で、筋肉のつき方が偏り、バランスよく体幹を動かせなくなってしまっています。

眠っている体幹を目覚めさせれば、あなたもトップランナーのようにパワフルに、そしてラクに走れるようになります。ぜひ、体幹を目覚めさせましょう。

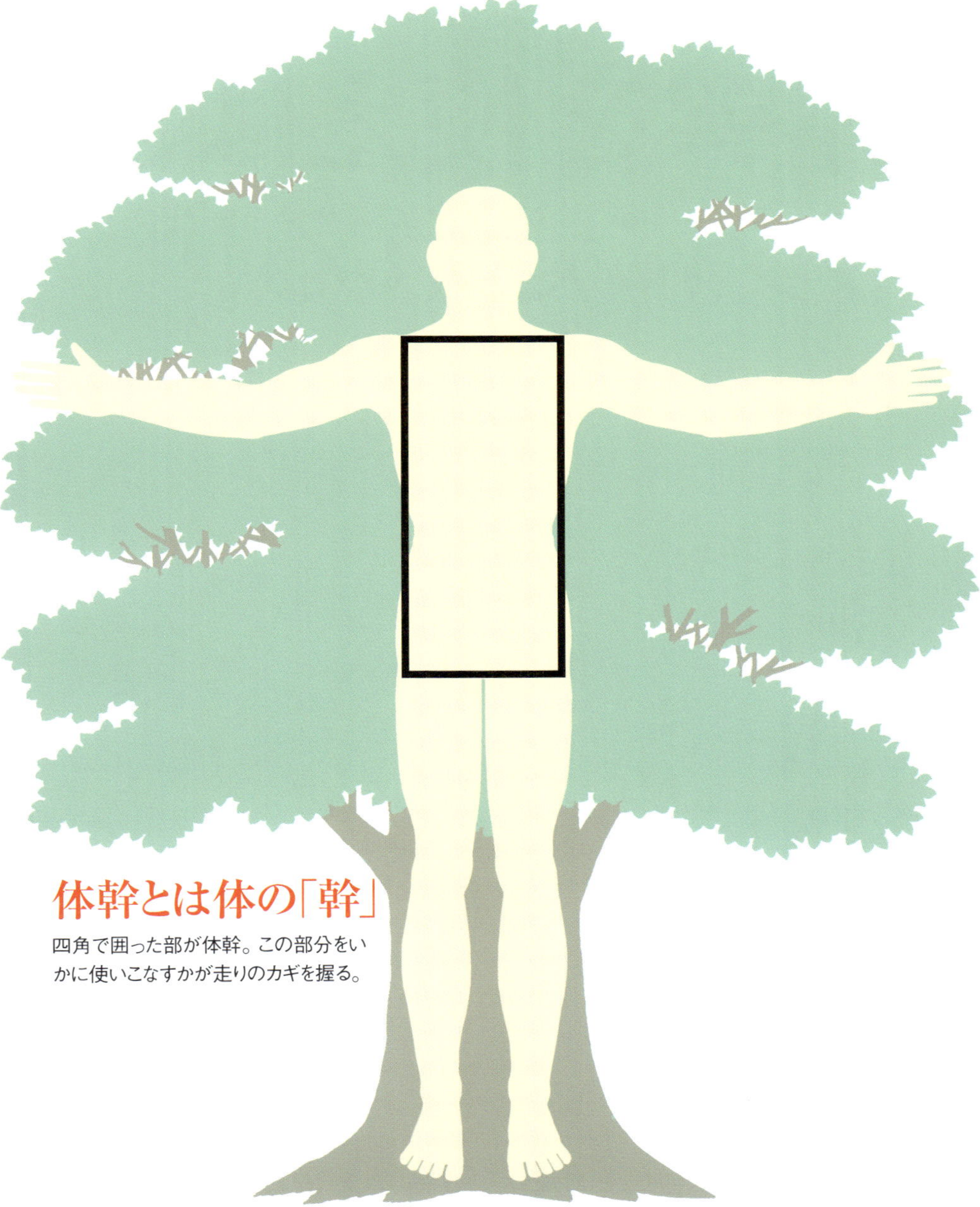

体幹とは体の「幹」

四角で囲った部が体幹。この部分をいかに使いこなすかが走りのカギを握る。

なるほど！体幹を使えば、ラクに走れる！

「走るってこういうことだったんだ！」

多くの人は、走るとき、体幹を2本の脚で運んでいると思っています。しかし、これは大きな間違いです。体幹を運ぼうと思うから、走りが重くなるのです。

「走る」という動きを考えてみましょう。体にタイヤがついていれば、押されるだけで前進しますが、タイヤはありません。そのため、脚の力を使って体幹を運ぼうとするわけですが、もっとラクに効率よく走る方法があります。それが「体幹ランニング」です。

その原理は簡単です。重心が前にある物体があるとします。これが飛び跳ねると、どうなるでしょう。飛び跳ねた瞬間、物体は重心が前にあるために空中で前に進み着地します。そして、また跳ねて前に進み、着地するという動きを繰り返しながら、どんどん進んでいきます(左のイラスト)。

「体幹ランニング」では、体幹の筋肉に力を入れ、頭から足までを一本の線のようにして(左ページ下のイラスト)、まっすぐ着地します。まっすぐ着地すればするほど、地面の反発力が強くなり、それが推進力になります。重心を前にもってくるには、体と骨盤をほんの少し前傾させせます。あとは慣性にまかせるだけ。これで驚くほどラクに走ることができます。

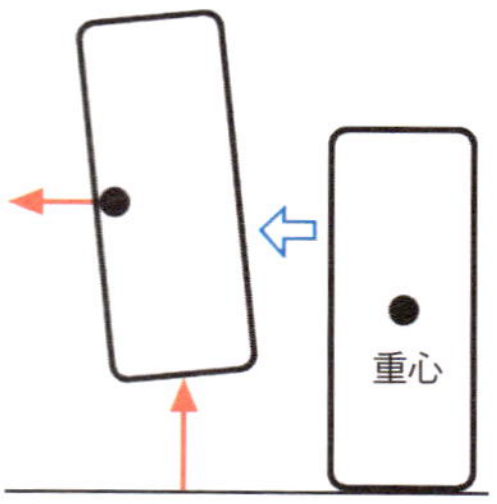

脚だけランニング

上半身と下半身がバラバラになった走り。これでは、いくら腕を振っても、脚を上げても効率よく体を前に運ぶことができない。ひざや腰などへの負担も大きくなる。

体幹ランニング

着地した足に上半身がまっすぐのり、頭の先から足までが一本の線になっているのがポイント。重心はほんの少し前にある。これでラクに走ることができる。

体幹ランニングで広がる走りの楽しみ

「走りがラクに、速くパワフルになる」

「走るとすぐに疲れて息が切れる」「タイムを縮めたいけど結果が出ない」「走っても体重が減らない」など、ランナーの悩みはさまざま。「体幹ランニング」は、初級者から上級者まで、あらゆるランナーの悩みを解消します。メリットを挙げてみましょう。

①動きがスムーズになり、ラクに走れるようになる。
②脚や腰の痛みや故障を防ぐ。
③走力がつき、タイムが縮まる。
④消費エネルギーが増え、シェイプアップにつながる。

さらに、脚や腰への負担が減ることで、つらい筋肉痛を防ぐこともできます。

また、レースを目指すランナーが年々増加しています。ラクに長い距離が走れる「体幹ランニング」を自分のものにすれば、いままであきらめていた方も、レースへの参加が現実的な目標になります。

「体幹ランニング」のメリット

1 地面からの力を利用して、ラクに走れる

体幹を使えば、強く踏み出そうとしたり、地面を蹴ろうとしなくても、自然に体が前へ。着地の衝撃を推進力に換えることができ、走りがラクに。

2 脚への負担が減り、故障が防げる

ランニングの着地による衝撃は、体重の3倍といわれています。「体幹ランニング」なら、ひざや足首、腰への負担が軽減され、ランナーに多い足腰の故障を防げます。

3 走力がアップして、タイムが縮まる

脚だけでなく、背中、お腹、お尻の筋肉をフル稼動するので、走るときの動きがダイナミックになり、自然と歩幅が大きくなります。その結果、走るスピードもアップ。

4 消費エネルギーが増えて、シェイプアップできる

体の中でもっともエネルギーを消費するのは筋肉。体幹には大きな筋肉が集中しているので、よりたくさんのエネルギーを消費できます。ダイエットにも効果的です。

自分の体幹力をチェックしよう

「体幹力が高いほど体を動かす能力が高い」

体幹を使う能力をチェックしてみましょう。

体幹をしっかり動かすことのできる能力を、この本では「体幹力」と呼ぶことにします。体幹力の高い人ほど体全体の力を使いきることができます。

体幹力が高いか低いかは、必ずしもランニング歴やタイムに比例するわけではありません。また、それまでの運動経験の有無にも関係ありません。

私はこれまで、多くの市民ランナーやタレント、モデルたちのランニングを指導してきました。その経験から、フルマラソンを3時間台で走るランナーの中にも体幹力の低い人がいるし、逆に、ほとんど走ったことがないにもかかわらず、体幹力の高い人がいることを知りました。

面白いことに、もともと体幹力の高い人は、ランニング歴がなくても走るコツをつかむのが早く、ちょっと練習しただけでラクに走れるようになります。

逆に体幹力の低い人は、いくら走りこんでも、なかなかレベルアップできずに壁にぶつかってしまうことが多いのです。

そこで、次の3つのチェック項目で、あなたの体幹力がどのくらいなのか、診断してみましょう。ただし、体幹力が低い結果が出ても、決して落胆しないでください。

第2章から紹介していく方法を実践すれば、誰でも確実に体幹力を高めることができます。これは、あなたの体幹力アップのスタートラインと考えてください。

Check 1

イスに座り、両脚を上げてバランスをとる。どこが痛くなる？

Let's Try!

背もたれのないイスに背すじを伸ばして座り、上半身を少し後ろに倒して両脚を上げます。手は胸の前で交差させて。バランスをとりながら、20秒間その姿勢をキープしたとき、つらいのはどの部位ですか？

診断

A.20秒キープできなかった	0点
B.太ももの前側の筋肉	5点
C.お腹の筋肉	20点

Check❷

階段を一気に上る。どこが疲れる？

Let's Try!

駅や歩道橋で、20段以上の階段を休まず一気に上ってください。上り終わったとき、つらかったのは体のどこですか？

診断

A.太ももの前側の筋肉	0点
B.ふくらはぎの筋肉	5点
C.太ももの前側とふくらはぎの筋肉	5点
D.どこもつらいとは感じない	20点

☑Check❸
片脚立ちする。ふらふらせずに立っていられる？

Let's Try!

足首を手で持ち、片脚立ちします。体をまっすぐ保ち、1分間キープしましょう。右脚でやるか左脚でやるかは、やりやすいほうでOK。1分間、立っていられましたか？

診断

A. 1分間もたずに両足をついてしまった…… 0点
B. ふらふらしたが、1分間片足立ちできた…… 5点
C. ふらつくことなく、ラクに1分間立てた…… 20点

診断結果は22〜23ページへ

どのレベル？

Check①～③それぞれの点数を合計します。合計点数から、あなたの体幹力レベルがわかります。

Check❶～❸の合計が **40～45点**

体幹力60%

体幹力はほどほどに備わっています。ただ、筋肉のつき方、使い方に偏りがあって、どこか一部の筋肉が十分に働いていない可能性が。体幹の筋肉をそれぞれバランスよく働かせるようになれば、体幹力は確実にアップします。

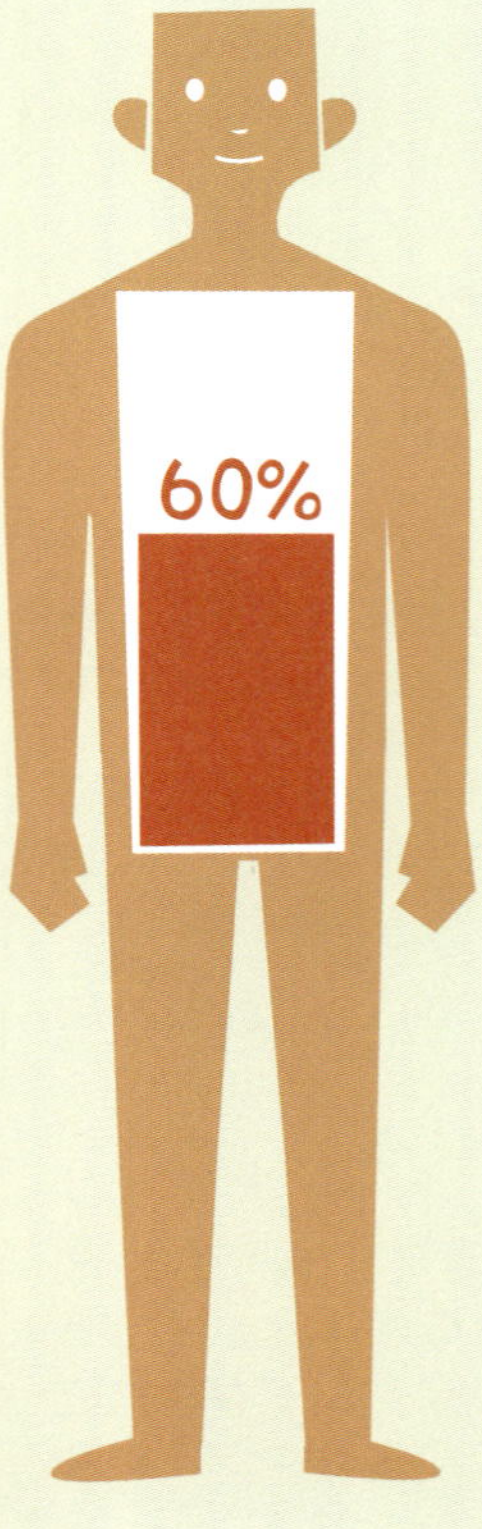

Check❶～❸の合計が **60点満点**

体幹力90%

あなたは普段からしっかり体幹を使っている人。お腹、背中、お尻の筋肉がバランスよくついていて、それを機能的に使うことができます。運動経験の有無に関係なく、アスリート並みの体幹力が備わっています！

診断結果 あなたの体幹力は

Check❶〜❸の合計が 0〜10点

体幹力 5%

体幹力はかなり低め！　ランニング以前に、日常生活でも疲れやすく、スタミナ切れになることが多いはずです。体幹の筋肉を強化してパワーアップしましょう。体が見違えるほど軽くなる感覚が味わえるはずです。

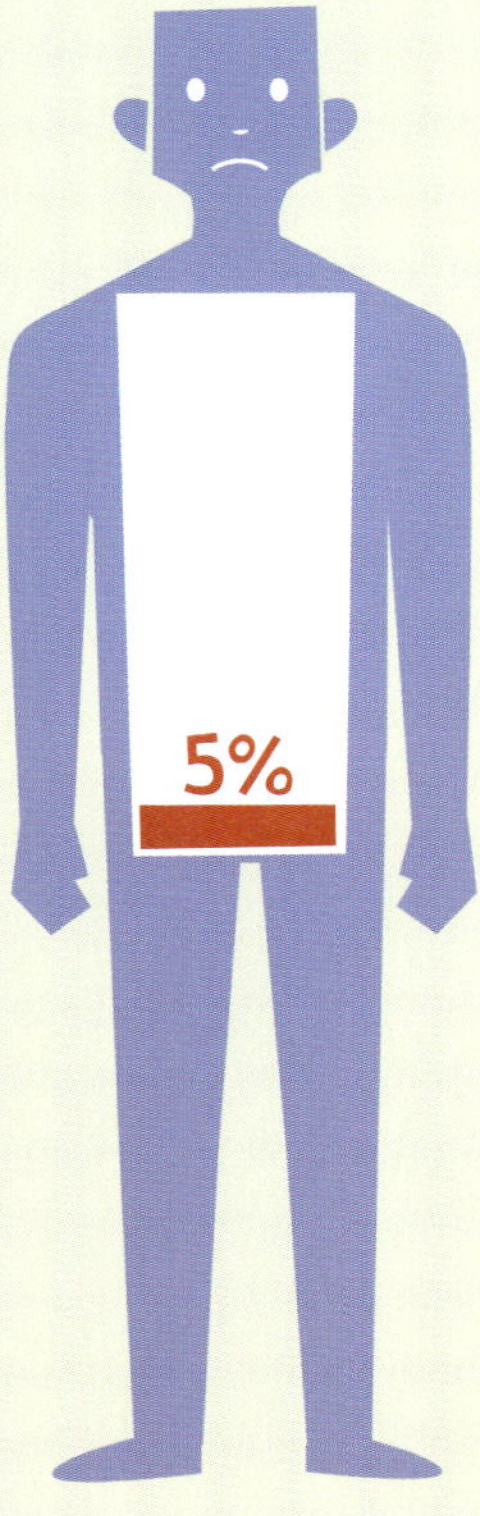

Check❶〜❸の合計が 15〜30点

体幹力40%

体幹力は低め。軽いジョギングなら大丈夫でも、長く走ると痛みや故障が出るかもしれません。まず、体幹を使うコツを覚えることから始めましょう。本格的に走り始めるのは、十分な体幹力をつけてからにするのが賢明。

体幹キーワード①

へその下にある体の中心ポイント【丹田《たんでん》】

体幹を使うには、体のバランスが整っていなければなりません。そのために意識する部分が「丹田」です。

丹田とは、東洋医学のツボのひとつで、へその4～5㎝下の位置にあります。この場所は、二足歩行する人間の体の中心で、体の重心がある位置にあたります。

しっかりした体幹を維持するには、丹田を上下、左右にぶれさせないことが大切。腹筋全体に力を入れる必要はなく、へその4～5㎝下を意識するだけでOKです。

とはいっても、最初は「意識する」という感覚がつかめないもの。まずは、左の方法で体の軸を安定させるコツを覚えてください。コツをつかめれば、自然に丹田の位置を意識でき、体の軸が安定し、まっすぐな姿勢を保てるようになります。

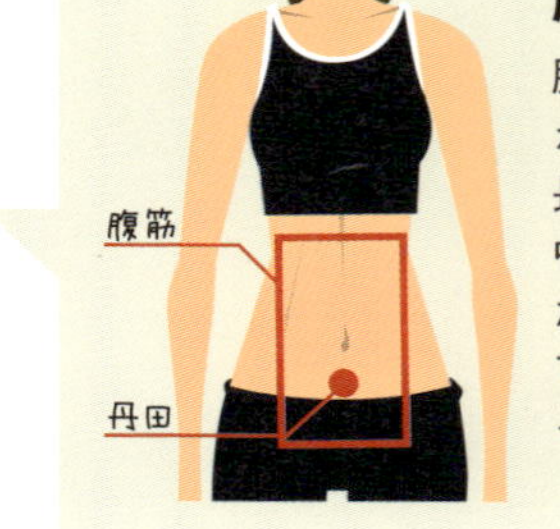

腹筋との違い

腹筋（腹直筋）は、上腹から下腹までをおおう縦長の筋肉。丹田はその中の一点を指します。ただお腹に力を入れるだけでは、上腹にまで力が入ってしまうので注意。

丹田を意識するコツ

丹田に意識を集中させると押されても倒れない

足を肩幅に開き、丹田を下に下げる気持ちで意識を集中。軸が安定し、多少押されても倒れなくなる。

意識していないと……

丹田を意識せず、力を抜くと、重心が上がり、体の安定感がなくなる。こうなると、押されたときに踏ん張れない。

こんなときも丹田を意識

イスに座る

へそを正面に向け、背すじをまっすぐ伸ばす。丹田を意識すれば、背もたれを使わなくても姿勢がラクに保てる。矢印は丹田の向き。

体幹キーワード②

走りで始めに動かす部分【肩甲骨《けんこうこつ》】

意識すべき2つ目のポイントは肩甲骨です。私のランニング指導では、「背中で走れ」とよく言うのですが、ここで重要な役割を果たすのが肩甲骨とその周辺の筋肉です。

　肩甲骨とは、背中側の左右の肩の下あたりにある、平べったい骨のこと。ランニングでは、「ひじを引く」という動作が動きの始まりになりますが、このとき、左右の肩甲骨を寄せることが重要となります。

　この動作が骨盤の動きを促し、体幹をスムーズに前へ進めます。ひじを引くことで、上半身から下半身への動きが一連の流れとなります。

　デスクワークなど体の前で行う作業の多い現代人は、肩甲骨を寄せる動きをあまりしません。そのため、動きが悪くなっています。肩甲骨を寄せる感覚をしっかり覚えてください。

背中の羽を動かす感じで！

肩甲骨を動かして走ると、驚くほど体が軽くなり、走るのがラクになります。背中の羽を動かしている感覚でスイスイ走れる！

肩甲骨を意識するコツ

背中の中心に肩甲骨を寄せる

背骨に向かって、左右の肩甲骨をしっかり引き寄せる。すると、胸が開いて背すじがスーッと伸びるはず。日常生活でもこれを意識!

NG

意識していないと……

両肩が前に出て、背中が丸まり、猫背になってしまう。お腹やお尻の筋肉までゆるんだ状態に。

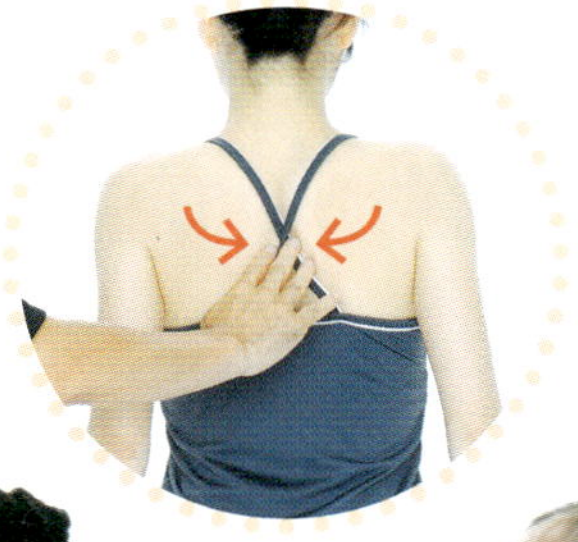

肩甲骨の周辺がかたい方はストレッチが有効

背中全体のストレッチ

体の前で手を組んで腕を伸ばす。左右の肩甲骨を開くようにしながら、背中を丸めて、肩をできる限り前に出して。この姿勢を8秒間キープ。

体幹キーワード③

上半身の動きを下半身に連動させる【骨盤《こつばん》】

3つ目のポイントは骨盤です。骨盤は、背骨と、太ももの骨にあたる大腿骨をつなぐ骨。上半身と下半身の動きをつないでいます。

肩甲骨で始まった動きを下半身に伝えるには、骨盤を動かすことが不可欠。でも、骨盤を動かす機会の少ない現代人にとって、この感覚をつかむのは難しいかもしれません。

そこで、トライしてほしいのが、骨盤を「前傾」させること。骨盤が後傾した姿勢だと上半身より脚が前に出てしまうため、骨盤を動かすことができません。左ページの方法で骨盤を前傾させ、骨盤を動かす練習をしましょう。

「体幹ランニング」では、骨盤と体全体を前傾させることで重心をコントロールしているので、前傾させる感覚をしっかりつかんでください。

骨盤が動く感覚とは？

フラダンスの腰を振る動きに似ています。上半身を動かさないようにして、腰を前後左右に動かしてみましょう。これが骨盤をなめらかに動かすということです。

骨盤を意識するコツ

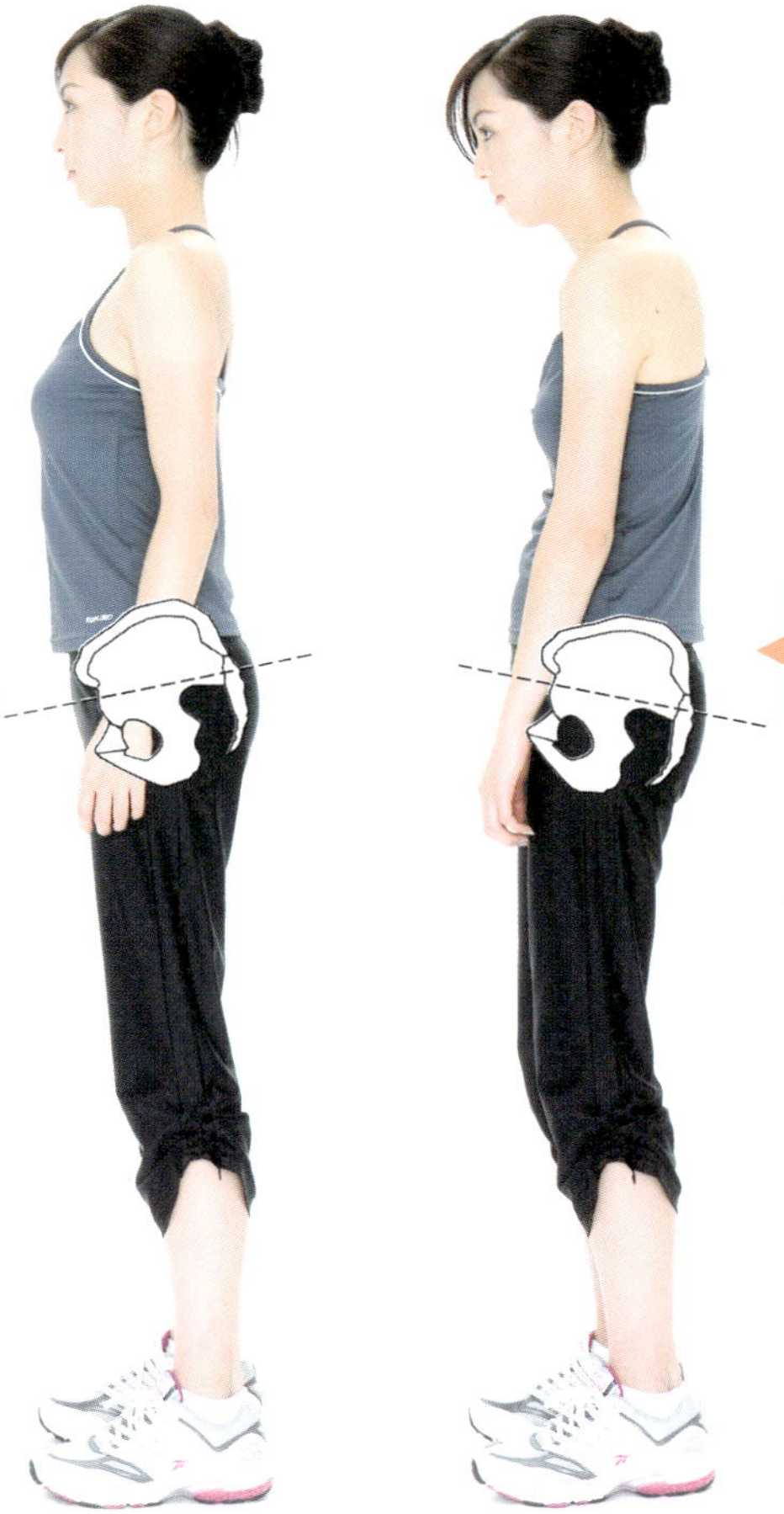

骨盤の上に上半身がまっすぐのっていること

NG

骨盤が後傾している

お腹、お尻の力が抜け、骨盤が後ろに傾いている状態。脚が上半身より前にきているこの状態では、骨盤を動かそうとしてもうまく動かせない。

骨盤が少し前傾している

お腹とお尻に力を入れ、お尻を後ろに引き上げるようにすると、骨盤が前傾する。自然に背すじが伸びて、骨盤の上に背骨がまっすぐのっているのがわかる。この姿勢なら、骨盤がしっかり動かせる。

骨盤まわりを柔軟にする方法

脚のつけ根のストレッチ

うつ伏せになって、右足首を右手でつかむ。ひざが床から浮くくらいまで、足首をお尻のほうにゆっくり引き寄せ、脚のつけ根を伸ばす。左右を8秒ずつ。

フラフープエクササイズ

足を肩幅に開いて立ち、手を腰にあてる。フラフープがあるつもりで、骨盤が横に8の字を描くように回す。10回まわしたら逆方向に10回。

科学で実証 体幹ランニングの大きなメリット

体幹ランニングはやはり速い！

ひとりのランナーに、体幹を使った走りと使わない走りの２種類を行ってもらい、かかとが着地してから、つま先が地面を離れるまでの時間を計測しました。その結果、「体幹ランニング」のほうが、接地時間が約0.01～0.02秒短くなっていることがわかりました。

ランニングでは、接地時間が短いほどスピードが速くなります。また、スピードとパワーは比例するので、接地時間が短いほど地面から受ける力が大きく、パワーが出ます。たった0.01～0.02秒の差と思われるかもしれませんが、着地のときの足の接地時間は平均約0.2秒。この0.2秒の中の0.01～0.02秒の短縮には大きな意味があります。

「体幹ランニング」が「脚だけランニング」より速く、パワフルであることは、数値からも明らかです。さらに、地面からのパワーを体幹で受けるので、スピードが出ても負担は少なくなります。

実験内容

フォースプレートという計測機器の上で、「体幹ランニング」と「脚だけランニング」を行う。着地の際の接地時間（①→②→③）を計測した。

単位：200分の１秒

シューズの種類	体幹 非活用	体幹 活用
Reebok TAIKAN IB	44	40.5
Reebok TAIKAN NK	43	41.5
Reebok 別モデル	46	42.5

※数値は平均値

3種類のシューズを履き、実験。体幹を使った走りのほうが足の接地時間を短縮できた。（資料提供／株式会社リーボックジャパン）

第2章

体幹を目覚めさせよう

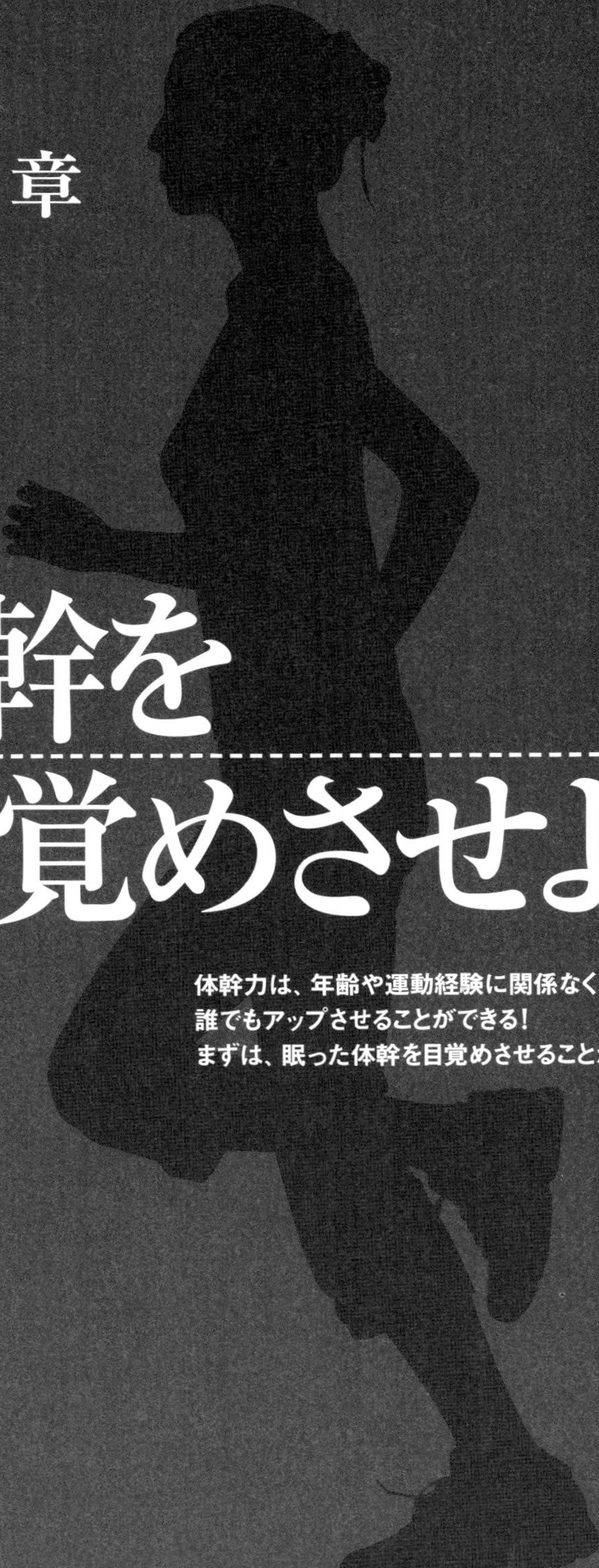

体幹力は、年齢や運動経験に関係なく、
誰でもアップさせることができる！
まずは、眠った体幹を目覚めさせることから始めよう。

体幹の筋肉にスイッチを入れる それが体幹エクササイズ

「眠れる筋肉が目を覚ます」

エクササイズというと、筋肉を鍛えて筋力をつけるのが目的のように思えますが、このエクササイズは筋力アップのトレーニングではありません。目的は、働いていない筋肉にスイッチを入れることにあります。

ラクに、速く、力強く走るためには、体幹にある大きな筋肉を使うことが重要だと書きましたが、すぐには動かせないと思います。その理由は、「筋力が足りない」からではなく、むしろ「筋肉が眠っている」から。体幹の筋肉は、日常生活では十分に使われていないのです。

このエクササイズは9つのステップで構成されています。きちんと行えば、体幹の筋肉にスイッチが入り、体が驚くほど軽く感じられるはず。日頃、体幹を使っていない人ほど、その違いを実感できるでしょう。

また、体幹のすべての筋肉にスイッチが入れば、無理のない理想的なフォームになります。長年の間にしみついた悪いフォームや走り方のクセも自然に直すことができます。

いままでに経験したことのない、軽快で、疲れ知らずの走りを体験してみましょう。

これから走り始める人も、ランニング経験のある人も、一度、頭をリセットしてエクササイズを実践してください。

SWITCH ON !

体幹にスイッチが入った体

9つの体幹エクササイズ

SWITCH OFF

体幹がゆるんだ体

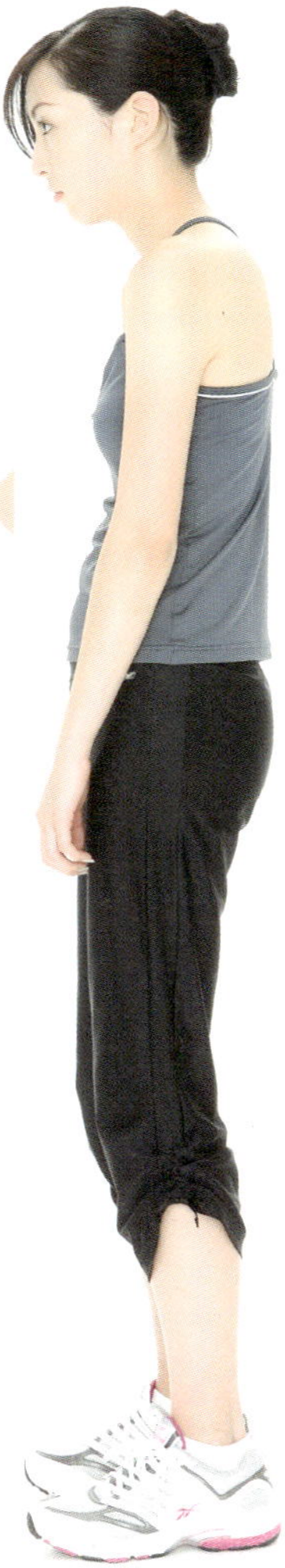

体幹エクササイズ 5つの心得

さあ、体を動かしましょう。その前に、エクササイズの効果をフルに生かすための、ちょっとしたコツを紹介します。

1 ランニングの前に必ず行う

体幹が目覚めた状態で走れば、大きな筋肉を使ったラクで力強い走りができます。「体幹エクササイズ」は、走る前に必ず行い、筋肉のスイッチをONにして！

2 走らない日も習慣にする

走らない日があってもOKです。ただし、エクササイズだけはサボらず、走るときに使う筋肉を強化しておきましょう。

3 スイッチを入れる筋肉を意識する

39ページからの各エクササイズの紹介では、意識すべき筋肉を図で表しました（「ココを意識して！」）。体の動きや形だけに気をとられずに、該当の筋肉に効いているかを意識しましょう。

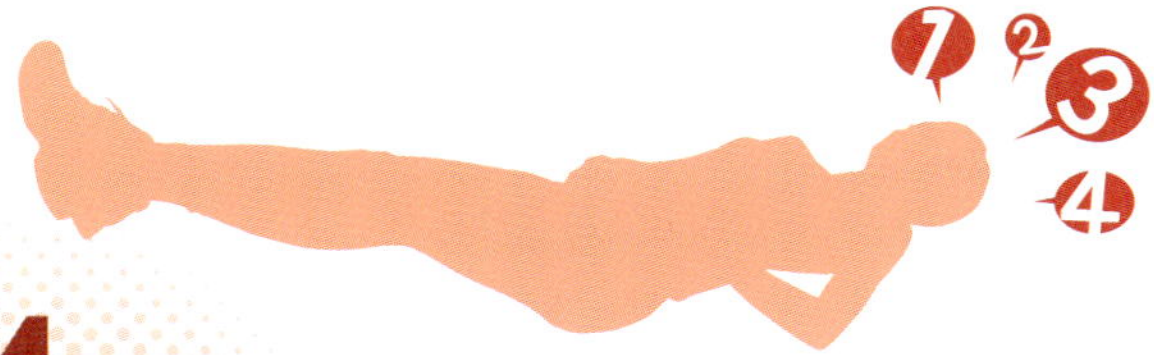

4 回数を増やすより丁寧に行う

筋肉にスイッチを入れることが目的なので、無理に回数を増やす必要はありません。動きが雑にならないように、一回一回丁寧に。

5 レースや練習のウォーミングアップに

長時間走るときは、後半に疲れが出て、体幹の動きが悪くなってきます。それを防ぐためにも、走る前にしっかりエクササイズを！

体幹エクササイズでこの筋肉を鍛えよう

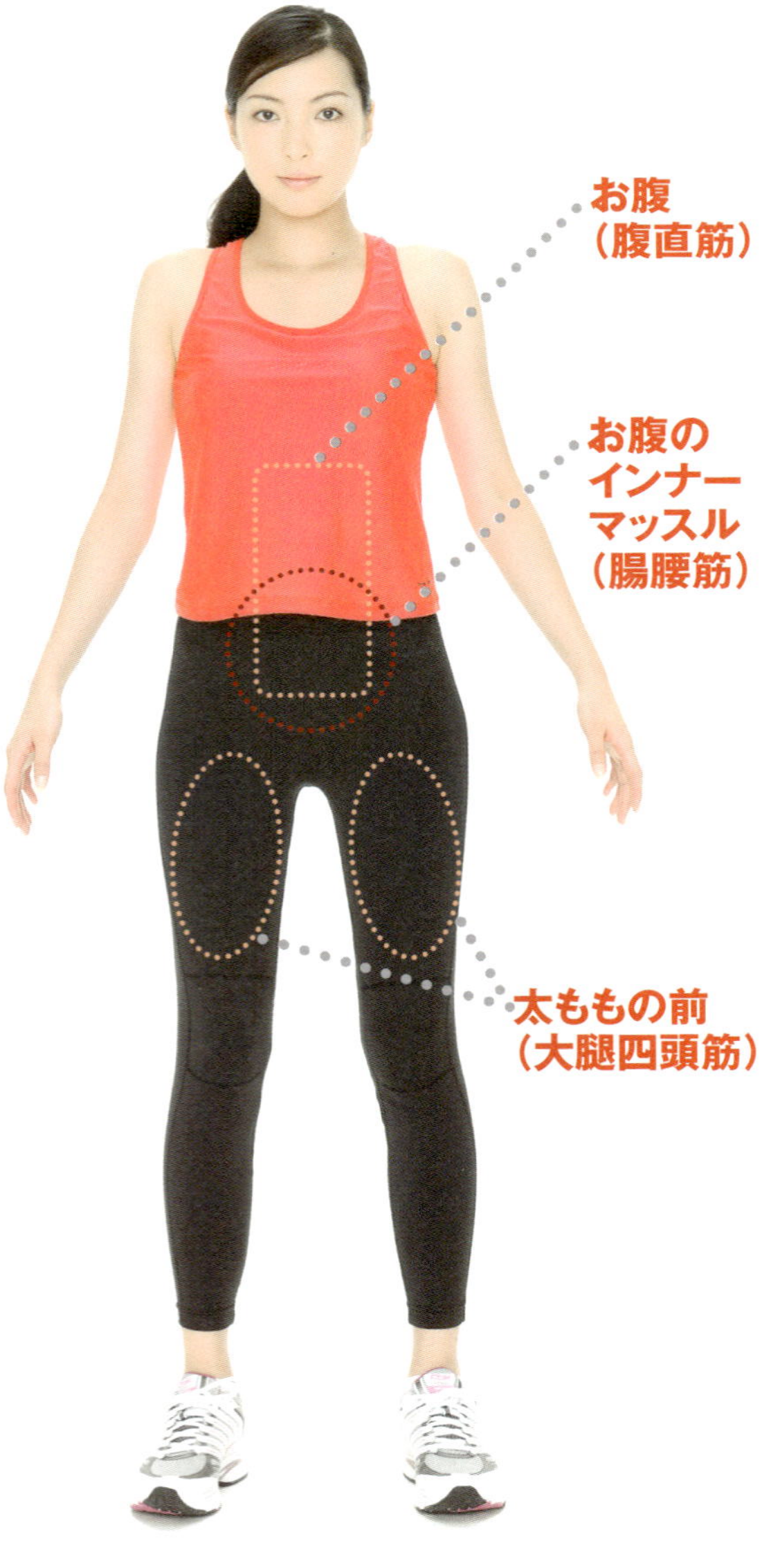

体幹の動きをコントロールする筋肉を紹介しましょう。

まず、「走る」という動きのはじまりとなるのが、肩甲骨まわりにある「僧帽筋《そうぼうきん》」。そして、体の軸をまっすぐにキープするのに欠かせないのが、お腹の大きな筋肉である「腹直筋《ふくちょくきん》」です。お腹の深部には、「腸腰筋《ちょうようきん》」があります。これは、太ももを引き上げたり、骨盤を動かしたりするときに使われる筋肉です。

さらに着地後、体全体を押し出すときに使われるのが、お尻にある「大殿筋《だいでんきん》」と太ももの後ろにある「ハムストリングス」です。太ももを引き上げるときや着地を受け止めるときには、太ももの前側にある「大腿四頭筋《だいたいしとうきん》」が働きます。

これらが、「体幹ランニング」で使う大きな筋肉。これらすべてを、バランスよく使えるようになるのが理想です。

体幹の筋肉には こんな性質がある!

1 大きな筋肉である

背中、お腹、お尻などの筋肉は、体の中の大きな筋肉の代表です。脚の小さな筋肉だけで走るより、大きな筋肉も使ったほうが、当然、疲れにくくなります。

2 パワーと推進力の源に

大きな筋肉であるということは、大きなパワーを生み出す原動力になります。力強いダイナミックな走りができれば、タイムを縮めることができます。

3 練習によって開発できる

体幹にある筋肉の中には、日常生活でほとんど使われないものがあります。「体幹エクササイズ」を繰り返し行えば、これらの筋肉を誰でも使いこなせるようになります。

一日5分で、眠れる筋肉が目を覚ます

体幹エクササイズ 9STEP

ランニングを始めたばかりの初心者の方も、タイムの短縮を目指している中級・上級者の方も、できるだけ毎日行うことを習慣にしてください。

一日5分で全メニューを行えるので、まずは、時間のあるときに気軽に始めてみましょう。

走る日は、関節をほぐしたり、筋肉を伸ばすストレッチを行った後にウォーミングアップの一環として行うことをおすすめします。

日頃からエクササイズを行っていれば、体幹の筋肉にスイッチが入りやすくなります。

※最後のページに書かれたURLにアクセスし、IDとパスワードを入力すると、金哲彦が実演する体幹エクササイズの動画がご覧になれます。

体幹エクササイズ STEP 1

基本のポーズ

体幹をしっかり使うための基本となる、まっすぐな姿勢を作るエクササイズです。
　左右の肩甲骨を背骨に寄せ、胸を開き、正しい姿勢を作りましょう。肩だけでなく、背中の筋肉をきちんと動かして行ってください。

手は体の真横をキープ

ひじを引くとき、手は体の真横の位置を保って。手が体より前の位置にあると、背中の筋肉に効かない。とくに肩の関節がかたい人は、手が前に来やすいので注意!

POINT

肩甲骨を寄せる!

肩を後ろに引くだけでなく、左右の肩甲骨を寄せるようにする。こうすると、背中にある僧帽筋が目覚める。

20回を1〜3セット

足を肩幅くらいに開いてまっすぐ立ち、両腕を真上に上げる。左右のひじを曲げ、胸を開きながら、ひじをグーッと後ろに引く。背中の筋肉を使い、左右の肩甲骨を寄せるように。

ランニングのこの動きに影響

軸を保つ

体幹を使うための基本となる正しい姿勢をキープする。

体幹エクササイズ　STEP 2

前ももスクワット

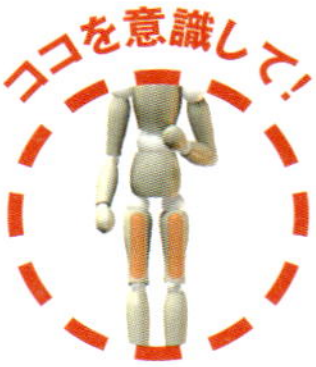

太ももの前側の筋肉は、ランニングでとても重要です。疲れやすい「脚だけランニング」では、この筋肉だけに負担がかかります。

「体幹ランニング」では、着地の衝撃を、この筋肉でまずキャッチし、その後に体幹がしっかり受け止めます。

前ももは、体幹には含まれませんが、ここもしっかり強化しましょう。日頃あまり歩かない人は、とくにしっかり行ってください。

1

足を肩幅に開いてまっすぐ立つ。手の側面を脚のつけ根に添えるように。

POINT

手の側面を脚のつけ根に添える

POINT

足は肩幅に つま先は正面

足は肩幅くらいに開き、つま先はまっすぐ正面に。つま先が外に開いたり、内側に入ったりしないこと。

ランニングのこの動きに影響

着地

真っ先に衝撃が伝わるのがこの太ももの前側の筋肉。

20回を 1〜3セット

2

背すじをできるだけ伸ばしたまま、ひざを曲げて腰を落とす。無理に深く曲げる必要はなし！ ひざが直角になるくらいまでゆっくり曲げて、戻して。

POINT
曲げたとき、手がはさまれるような感覚で

POINT
太ももの前の筋肉が張っていればOK！

POINT
ひざ、つま先は正面に向ける

曲げたときのひざは、つま先と同様にまっすぐ正面を向くこと。こうすると、太ももの前側にしっかり効かせることができる。

ガニ股や内股はダメ！

曲げたときにひざが外側に出てしまったり（写真右）、内側に向いてしまったり（写真左）すると、太ももの前側の筋肉が使えない。これでは運動の効果が激減！

体幹エクササイズ　STEP 3

後ろももスクワット

かかとを引き上げたり、体を前に押し出す推進力の源になるのが後ろももとお尻の筋肉。日頃、歩くことが少ない人の中には、この筋肉をあまり使っていない人が多く、このスクワットが苦手です。

最初は少ない回数でもよいので、しっかりポイントを押さえて、行ってください。

1

足を肩幅くらいに開いてまっすぐ立ち、両手を腰にあてる。

POINT

脚は肩幅に
つま先は正面

ランニングのこの動きに影響

体を前に押し出す

着地した次の瞬間、体を前に押し出すときに働くのが後ろももとお尻の筋肉。

**20回を
1〜3セット**

背中が丸まっていると後ろももに刺激を与えることができない。背すじを伸ばし、お尻を突き出す。

**猫背では
後ろももに効果なし**

POINT

**曲げたとき、
つま先よりひざが
前に出ない**

ひざがつま先より前に出てしまうと、太ももの後ろ側ではなく前側に効くスクワットになってしまう。ひざの位置をキープ。

POINT

**お尻を後ろに
突き出す感じで**

POINT

**太ももの裏が
張っていれば
効いている証拠**

2

イスに腰掛けるようなイメージでお尻を後ろに突き出し、ひざを曲げる。背すじはピンと伸ばし、ひざがつま先より前に出ないように。太ももの裏からお尻にかけての筋肉が張っていればOK。

できない人はこの方法で！

2

お尻を後ろに突き出すようにしてひざをゆっくり曲げて、伸ばす。机と体との距離を一定に保ち、上半身が前に倒れるのを防ぐ。

1

机などを前に足を肩幅くらいに開いてまっすぐ立ち、両手で机につかまる。

ひざを曲げたとき、ひざがつま先より前に出てしまう人におすすめの方法。机などを使うと、上半身のバランスをキープしやすくなる。

体幹エクササイズ STEP 4

ツイスト

「体幹ランニング」では、脚だけでなく全身の動きを使って体を前に運びます。そこで重要になるのが、上半身と下半身の連動です。

このエクササイズは、骨盤まわりをやわらかくし、上半身と下半身が連動する感覚をつかむのに効果的。

また、体の軸をまっすぐに保つ練習にもなります。軸が崩れると体がふらつき、しっかりねじれなくなります。丹田を意識し、体に一本の柱が通っているような気持ちで軸を安定させましょう。

1

背すじをまっすぐに伸ばして立つ。目線は正面。丹田を下に下げるような気持ちで、重心を低くする。肩が上がると重心も上がってしまうので、リラックスして。

POINT

重心を真下に下げる意識で

ランニングのこの動きに影響

上半身と下半身の連動

肩甲骨の動きをなめらかに骨盤に伝え、下半身の動きにつなげるとき、この動きが重要に。

NG **肩と腰が同じ方向に回ってはダメ!**

肩と腰が同じ方向に向いたのでは、ツイスト運動にならない。顔を正面に向けたまま「腰をねじる」という意識をもって。

2

軽くジャンプし、肩、腰、脚を振りながら体をひねる。右肩を前に出したときに右腰が下がり、つま先は右向きになる。リズミカルに繰り返す。

POINT **顔は正面を向いたままで**

POINT **体の中心軸をまっすぐ保つ**

左右で1回として
20回を1〜3セット

POINT **着地する足の位置は一定にして、左右にブレないこと**

腕振り

正しい腕振りのポイントは、腕だけでなく、肩甲骨を動かすこと。しかし、デスクワークなどの影響で肩甲骨まわりの筋肉がかたくなっていると、肩や背中の動きが悪くなります。

このエクササイズは、肩から背中にかけての筋肉を柔軟にして、筋肉を有効に使えるようにするもの。ただ腕を上げるだけでなく、肩や背中をしっかり動かしてください。

POINT
顔はまっすぐ正面を向いて

POINT
36ページのように胸を開いて立つ

1

足を肩幅くらいに開いてまっすぐ立ち、顔を正面に向ける。肩の力は抜いて、リラックス。

ランニングのこの動きに影響

腕振り

ひじを引き、肩甲骨をしっかり動かす動作のときに重要。体の軸を保つことにもつながる。

ひじは絶対に曲げないこと!

ひじが曲がると、肩や背中を動かせず、エクササイズの効果が上がらない。ひじは伸ばしたまま!

POINT

肩甲骨をしっかり動かす

腕を上げるだけでなく、肩甲骨がしっかり動いていることを意識。

POINT

ここまでだと肩甲骨は動かない

体の前のほうで腕を振るだけでは、肩甲骨を動かせない。上げた手はできるだけ後ろまでもっていく。

2

腕を大きく振って、体の側面に沿うように上げ下ろしし、一番高く上がったところでもう一息伸ばす。これを左右交互に繰り返す。

左右で1回として
20回を1〜3セット

体幹エクササイズ STEP 6

踏みつけ

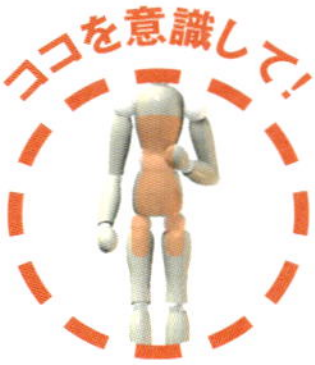

着地は「体幹ランニング」で非常に重要な動作のひとつ。このエクササイズは、正しい着地の感覚をマスターするのに効果的です。

ポイントは、着地した足の真上に上半身をのせること。一定のリズムで地面を踏んでください。

全身に一本の柱が通っているような感覚も忘れないように。ふらついてしまう人は、丹田を意識し、重心が上がらないようにすると体が安定します。

1

START

胸を張り、背すじをまっすぐに伸ばして立つ。ひじを軽く曲げ、腕を振りながら、左右の脚を交互に上げて地面を踏む。「1、2、3」とテンポよく踏みつけ、「3」でいったん動きを止める。これを左右交互に8回。

ランニングのこの動きに影響

着地

着地の衝撃を体幹で受け止める感覚を覚えさせ、着地を安定させる。

NG

**着地で
ふらついてはダメ!**

体の軸をまっすぐ保てていない証拠。丹田に意識を集中させ、まっすぐな姿勢をキープ。

左右で1回として
**20回を
1〜3セット**

2

3

POINT

**足の裏で
しっかり地面を
とらえる感じで**

足の裏全体に均等に体重がかかるように。足の裏でしっかり地面をとらえるようにすると体が安定する。

腰上げ

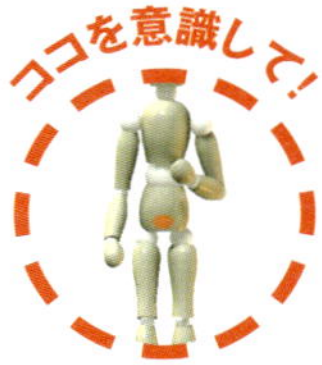

1

あお向けに寝て、脚を上に上げ、ひざを軽く曲げる。腕は手のひらを下にして体の横に置き、丹田に意識を集中。

骨盤のスムーズな動きを支えるのが、お腹の深いところにある腸腰筋。そこにスイッチを入れるのがこのエクササイズです。

腸腰筋は、骨盤を動かしたり脚を引き上げたり、正しい姿勢を維持したりするのに働く筋肉ですが、現代人の中にはこの筋肉をほとんど使っていない人がいます。お腹の下のほうにしっかりと力を入れ、お腹以外の筋肉を使わずに、腰を浮かせてください。できない人は、イスを使いましょう。

POINT

筋力の強い人は、手を頭の下に置いて

ランニングのこの動きに影響

骨盤を動かす

着地した足の上に素早く上半身をのせ、推進力に変えるのが骨盤の動き。その骨盤の動きを支えるのがこの腸腰筋。

2

お腹にグッと力を入れ、腰を瞬時に床から浮かせる。脚を真上に上げるような感覚で。太ももの筋肉を使ったり、脚の反動を利用しないように注意。

POINT
「1、2」と
リズミカルに

10回を
2〜3セット

頭のほうに脚を
振り上げてはダメ

腰を丸めるようにして頭のほうに脚を振り上げるのはNG。これでは、お腹の力が抜け、腸腰筋はまったく使えない。

できない人はこの方法で!

足元にイスを置き、あお向けに寝て足をイスの上にのせる。ひざと腰が直角になるように。

丹田に力を入れ、お腹の筋力だけで腰をゆっくり上げて下ろす。上げるときより、下ろすときにより力が入るので、力を抜かずにゆっくり下ろすこと。

腸腰筋を使ったこの運動は、初めてでは難しいかもしれません。そんな人は、イスに足を置いた状態で腰を上げてみましょう。腸腰筋を使う感覚を覚えてください。

体幹エクササイズ　STEP 8

腹筋

腹筋は、お腹全体にある大きな筋肉。「体幹ランニング」では、とくに下腹の腹筋が重要になります。この筋肉が使えないと、着地し、骨盤が動いた後に脚をグッと前に出すことができなくなり、推進力のない「脚だけランニング」になってしまいます。

このエクササイズは、とくに下腹の筋肉に効くエクササイズ。手を下腹にあて、下腹の筋肉が緊張しているのを確かめながら行いましょう。

1

脚をそろえてあお向けになり、両手の指先を下腹に軽くあてる。丹田に意識を集中し、背中が反らないようにする。

POINT
両手を下腹にあてる

POINT
力を抜いた状態から引き上げる

真横から見ると

ランニングのこの動きに影響

脚を前に出す

骨盤が動いた後、脚を前に出す動作で使われるのがこの筋肉。

10回を
1～3セット

POINT
ひざが
POINT
下腹の筋肉だけ
太ももが痛くなったら
下腹の筋肉に
効いてない！
NG

真横から見ると

2

下腹に力を入れ、お腹の筋肉だけで両脚を持ち上げる。ひざは伸ばしたままで行うこと。腹筋がつるような感覚があればOK。これを繰り返す。

できない人はこの方法で！

腹筋の弱い人は、脚がまったく持ち上がらなかったり、わずかに浮かせることしかできないかもしれません。片脚ずつ上げる方法で、下腹に力を入れる練習をしてください。

1

POINT
上げる脚の
つけ根に
手をあてる

あお向けに寝たら、両手をこれから上げる脚のつけ根にあてる。

2

お腹の筋肉だけを使って、片脚を上げる。ひざが曲がらないように注意。左右で1回として、交互に10回を1～3セット。

脚上げ

お尻の筋肉を刺激する運動です。お尻の筋肉の役割は、後ろももの筋肉と同様、体を前に押し出すこと。ここの筋肉がゆるむと、走行中に上半身が後ろに残ってしまい、フォームが乱れてしまいます。

お尻の筋肉は非常に大きいので、鍛えれば走りが確実にパワーアップします。ヒップアップにもなるので、しっかり行いましょう。

1

うつ伏せに寝て両手を重ね、あごを乗せる。

ランニングのこの動きに影響

体を前に押し出す

着地し、骨盤が動いた次の瞬間に働くのがこの筋肉。後ろもも筋肉と同様、体を前に運ぶ働きをする。

できない人はこの方法で！

2

お尻に力を入れ、ゆっくり脚を持ち上げて下ろす運動を繰り返す。

1

うつ伏せに寝たら、足を肩幅より広めに開く。両手は重ね、あごの下に置く。

お尻に力が入りにくく脚が上がらない人は、脚を開いて行うとラク。左右のお尻それぞれに力が入る感覚を覚えてください。

背中を反らしてはダメ！

NG

背中が反ると、お尻だけでなく背中にも力が入ることに。反りやすい人は、イスや机の脚を持って行うとよい。

POINT

お尻をギュッと締める

2

お尻にギュッと力を入れ、お尻の筋肉だけで脚を持ち上げる。「上げて下ろす」をゆっくり繰り返す。

真横から見ると

20回を1〜3セット

立ったまま、電車の中で、歩きながら……

日常生活で体幹を鍛えよう

日常生活の中でもできる簡単なメニューを紹介します。
どれも特別な道具を使わずに、手軽にできるものばかりなので、
とくに時間のない人にはおすすめです。
普段から体幹の筋肉を刺激し、お腹やお尻に力を入れる感覚を鍛えておけば、
ランニングの際に、体幹を自然に使うことができるでしょう。
また、走る時間が十分にとれないとき、雨や猛暑で長い時間走れないときも、
これを行うことによって走るのと同じように体幹をトレーニングできます。
39〜55ページで紹介した「体幹エクササイズ」の効果を
後押しするメニューとして、ぜひ実践してみてください。

立ったまま

1 バレリーナ立ち

まっすぐに立つ練習です。お腹とお尻に力を入れ、体の軸をまっすぐ保つことを忘れないようにしましょう。

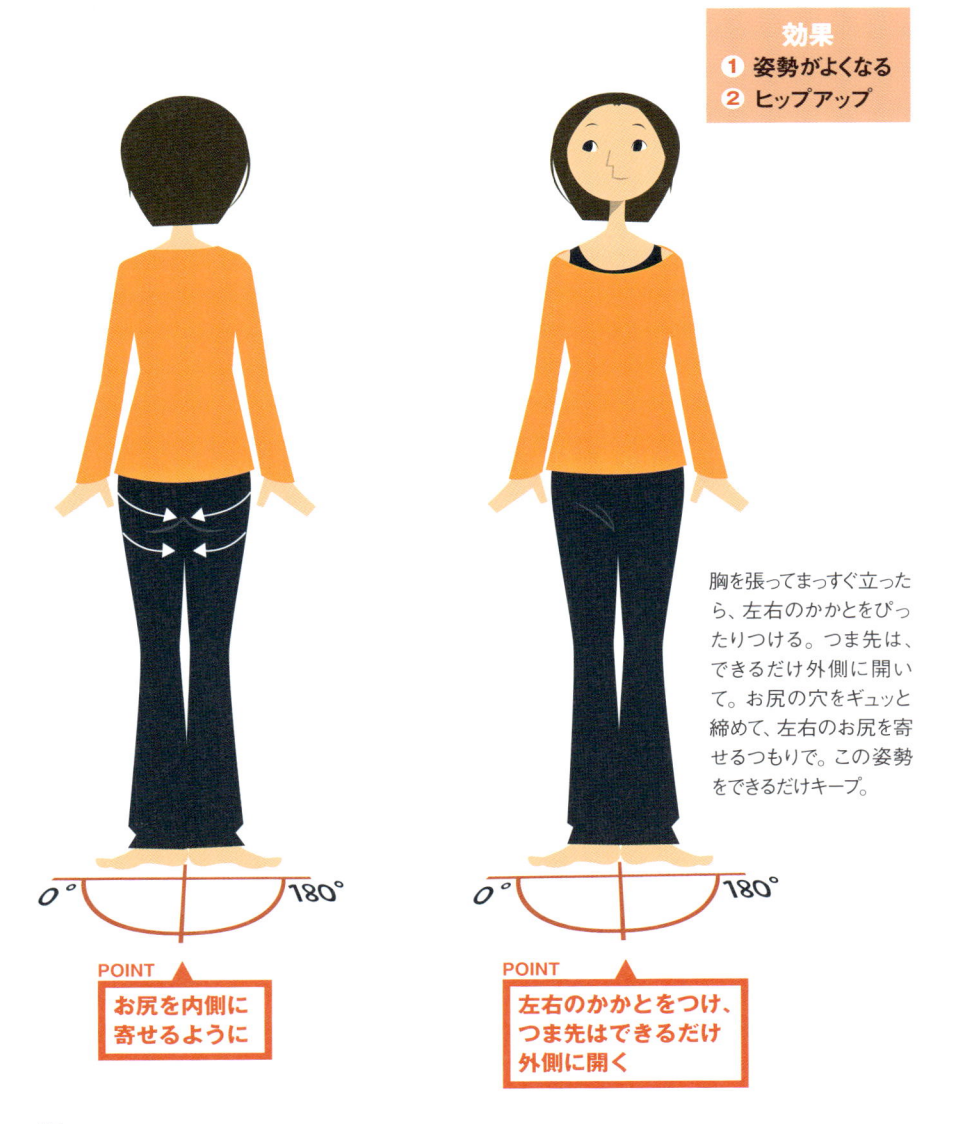

効果

1. 姿勢がよくなる
2. ヒップアップ

胸を張ってまっすぐ立ったら、左右のかかとをぴったりつける。つま先は、できるだけ外側に開いて。お尻の穴をギュッと締めて、左右のお尻を寄せるつもりで。この姿勢をできるだけキープ。

POINT
お尻を内側に寄せるように

POINT
左右のかかとをつけ、つま先はできるだけ外側に開く

電車の中で

❷ 体幹立ち

体幹を使って立つと、重心が安定し、多少の振動があっても、体がふらつかなくなります。ほかの人の迷惑にならないように練習してみてください。

効果
1. 体の軸ができる
2. 重心が安定する

つり革を持たずに立ち、両足に均等に体重をかける。意識を集中して、丹田を下に下げるような気持ちで重心を安定させる。

歩きながら

③ 骨盤ウォーク

普段歩くときも、脚のつけ根から動かすのではなく、骨盤から動かすように意識しましょう。骨盤は前傾させてください。

効果

1. 骨盤の動きを柔軟にする
2. 骨盤が前傾し姿勢が改善

骨盤を使って歩く

骨盤を前傾させたまま、骨盤の左右をそれぞれ前方に押し出すように歩く。股関節を使わずに、骨盤から脚を引き上げ、前に押し出す感覚で。

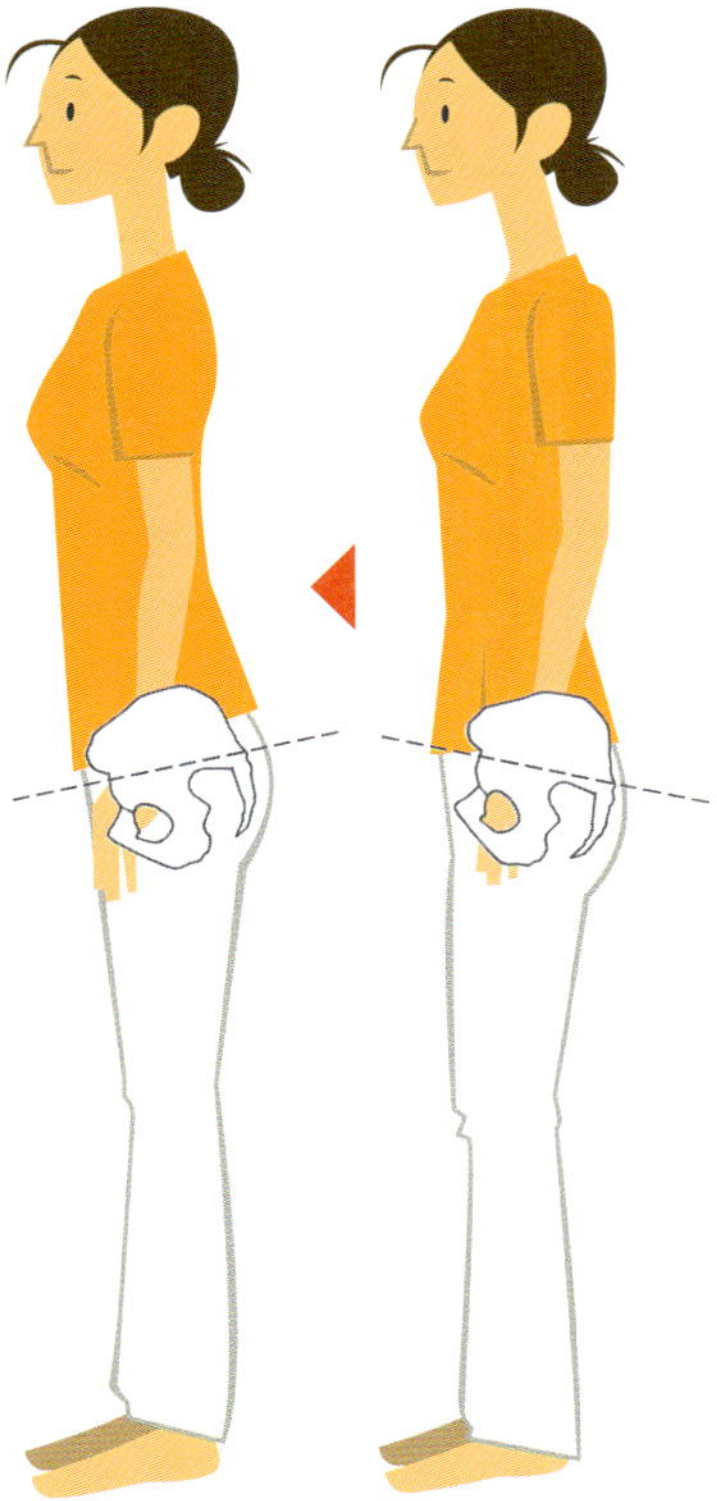

まず、骨盤を前傾させる

丹田に力を入れ、お尻の穴を真後ろに向けるようにすると骨盤が前傾する。

階段を上りながら

4 骨盤階段ウォーク

脚だけで上りがちな階段を、骨盤を使って上ってみましょう。
体重をのせて、しっかり脚を運んでいきます。

効果

1 骨盤の動きを柔軟にする
2 骨盤に上半身をのせる感覚がつかめる

骨盤を使った動き

骨盤を使わない動き

脚だけを動かすのではなく、腰を入れて骨盤から脚を引き上げて上の段に踏み出す。1段ずつ、骨盤に体重をのせるようにして上るのがポイント。反動をつけずにゆっくり上ること。

イスを使って

⑤ 体幹座り

姿勢の悪い方は、この座り方をしてみてください。
体幹の筋肉が常に刺激された状態になるはずです。

効果
1. 姿勢がよくなり、軸が安定
2. お腹まわりの筋力がアップ

1

背もたれを使わずに、浅めに腰かける。丹田に力を入れて背すじをまっすぐに伸ばした状態をキープ。

2

重心を前に移動させ、手は使わずに立つ。丹田に力が入っていれば、ラクに立ち上がることができる。

これでは、体幹を使えない

背もたれに寄りかかった座り方では、お腹や背中の筋肉はゆるんだまま。これでは体幹の筋肉はまったく使われない。このままでは立ち上がれないので、手を使って立ち上がることに。

楽しみながら走力アップ

体幹を制すれば、走りを制す！

実業団時代は練習方法に試行錯誤

私が陸上競技を始めたのは、中学生の頃。中学から大学までの選手時代は、どんな練習をすればよいのか深く考えることなく、先生や監督にやれと言われたことを、ただ夢中でやってきました。そんな意識が変わったのは、大学を卒業して実業団に入ったときです。

私が入ったリクルートの陸上部にはコーチがおらず、トレーニングは自分で考えてやらなければなりませんでした。いろいろなトレーニング法を試し、あるときはマシンを使ったウェイトトレーニングで、全身の筋肉を鍛え上げ、パワフルでがっちりとした体型を作り上げたことも。

筋肉をつけたことで、たくさん走っても、疲れにくくなったのですが、決してタイムは縮まりませんでした。漫然と筋肉をつけただけでは、ダメだったのです。

ある選手のスランプで体幹の重要性を知る

１９９２年に選手を引退し、有森裕子をはじめとする女子選手を指導するコーチに専念するようになりました。私はここで大きな壁にぶつかりました。コーチしていたある選手が、突然スランプに陥ったのです。

どんなに走りこんでもタイムが縮まらず、逆に記録は悪くなるばかり。貧血でもなく、練習

解説者として世界のトップランナーの走りを見ると、体幹の大切さがよくわかる。すべてのランナーは、スタート前の準備運動で体幹にスイッチを入れる動作を行っている。それが力強い走りの源に。

メニューのせいでもないのになぜなのだろう……。あせった私は、彼女のフォームをじっくり観察することにしました。すると、よい走りをしていたときの動きと何か違うことに気づいたのです。

試しに体幹の筋肉を使う補強運動をやり直してみると、フォームがガラリと変わりました。スランプが嘘のように、軽く速く走れるようになったのです。走れなくなった原因は、じつに単純なことでした。いつも行っている腹筋などの補強運動がおろそかになり、体幹を使うコツを忘れてしまったからだったのです。

この経験から、私は選手たちに必ず体幹の筋肉を使う補強運動をやらせるようにしました。通常、練習が終了した後に各自で行うものでしたが、私はこれを改め、走る前に必ず全員で行うメニューにしたのです。

その効果はてきめんで、体幹の筋肉を強化することで、女子選手に多かった股関節の故障は格段に減りました。もちろん、タイムが縮まり、成績が上がったことはいうまでもありません。

この本で紹介している「体幹エクササイズ」は、この補強運動が原型となっています。

市民ランナーにこそ体幹を使った走りが必要

2001年、私は市民ランナーをサポートするスポーツクラブNPO法人ニッポンランナーズを作りました。初めて大阪国際女子マラソンを観戦したとき、

NPO法人ニッポンランナーズは、市民ランナーをサポートする総合スポーツクラブ。楽しみながら走力アップと健康作りを目指す。「体幹エクササイズ」は、練習会で必ず行うメニュー。

私は市民ランナーのフォームに非常に驚いたものです。

前を走るトップランナーとは異なり、あとからゴールしてくるランナーのフォームはじつにさまざま。がむしゃらに手足を動かし、必死の形相で走っている人が非常に多かったのです。

これではがんばっても限界があるだろうし、故障や痛みも多くなってしまいます。楽しみのために走っている市民ランナーにこそ、体幹ランニングが必要だったのです。

以来、私は、指導するすべてのランナーに、「体幹エクササイズ」を行うことを教えています。走れるようになりたいなら、体幹が使えるようになるのが先決だと、私は説いています。

現在、私は解説者として、オリンピックや世界陸上で世界のトップランナーの走りを間近で目にしています。すると面白いことに気がつきました。スタート地点に立つ前、選手たちが行っているウォーミングアップは、まさに体幹の筋肉にスイッチを入れる運動になっているのです。それらを見るたびに、私が考案したエクササイズが正しいことを改めて実感しています。

「体幹エクササイズ」は、選手、コーチ、そして解説者として、さまざまな角度からランニングを考えてきた末に完成したものです。もし、体幹にもっと早く着目していれば、自分はもっとすごい選手になっていたかもしれません。そう思うと、ちょっと悔しい気がしますね(笑)。

第3章

体幹で立つ、歩く

体幹ランニング実践編1

「立つ」「歩く」「走る」の順に
体幹を使う感覚をマスターしよう!
ステップを追って覚えるのが
「体幹ランニング」への近道。

体幹で立てば、正しい姿勢になる

「体幹を使えば力を抜いてもまっすぐ立てる」

「体幹ランニング」は、まっすぐに立つ練習から始まります。「そんなの簡単」だと思うかもしれませんが、これが意外と難しいポイントなのです。

自分ではまっすぐ立っているつもりでも、多くの人は体が前後、左右どちらかに傾いているもの。普段履いている靴の減り方に偏りがあったり、歩いているうちにベルトやスカートが回ったりする人は、姿勢がまっすぐでないと思ってください。

左ページの写真は、体幹の筋肉に100％スイッチが入った立ち方。体幹が使えていれば、特定の部分に余分な力を入れなくても、自然にまっすぐ立つことができます。

まずは、自分の立ち姿をチェック。鏡に映しながら、左の写真とどう違うか、細かいポイントを確認していきましょう。自分ではチェックが難しいときは、友達や家族など、第三者に確認してもらうのがいいでしょう。立つ姿勢が崩れたまま走ると、故障を起こす原因となるので、立ち姿からきちんと直すことが肝心です。

体幹を使った理想的な立ち方

背すじを伸ばす
腰を
反らせすぎない
両肩を後ろに引き、
胸は軽く開く
お腹を
突き出さない

こんな立ち方はNG

反りすぎ

お腹が突き出し、腰や背中が反りすぎている立ち方。これでは、腹筋やお尻の筋肉に力が入らない。

猫背

両肩が前に出て、背中が丸まっている猫背の姿勢。肩甲骨を背骨のほうに寄せるように意識し、胸を開き、背すじを伸ばすことで直せる。

片足に体重をかけて立つ

左右どちらかの足に体重をのせた立ち方。骨盤や背骨のゆがみにつながるおそれがあるので要注意。

重心の位置を確認しよう

まっすぐ立つには重心の位置を知ることが大切

立ち方のクセは、長年の生活の中で身についてしまったもの。これを直すのは、なかなか難しいでしょう。

まず、まっすぐ立つために意識したいのが体の軸。足元から頭の先まで一本の柱が通っているような感覚で立つことです。

ポイントは、体の重心をしっかり体の真ん中に置くこと。左ページの方法で、体の正しい重心の位置を確認しましょう。

STEP1で正しい軸を知るために壁に背中をつけて立ちます。STEP2で正しい重心を知るために左右に揺れてみてください。次に前後に揺れてみると、どこが自分の重心かわかると思います。

順にやってみると、自分が思っている「まっすぐ立つ感覚」とは違っていると感じる方もいるかもしれません。違和感があっても、正しい重心は、この方法でつかんだ感覚です。これをしっかり体に覚えさせてください。

正しい重心で立てば体が安定するので、この状態なら、多少押されても倒れることはありません。

立ち方のクセを正す重心修正法

まっすぐ立つとはどんな感覚なのかを体に覚えさせましょう。

STEP1 軸を知る

体を壁につけて立つ

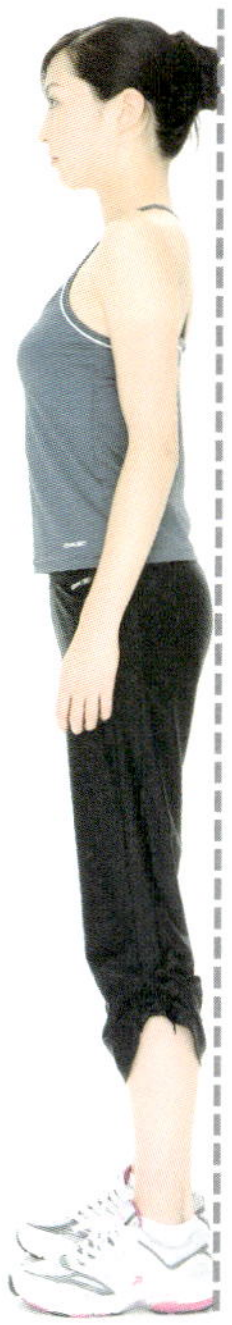

重心の位置を意識しながら、壁に体をつけて立つ。

STEP2 重心を知る

まず、左右に揺れる

まっすぐな軸をキープしたまま、足元から左右に揺れる。両足は地面につけたままで。「ここが一番安定している」と思う位置で体を止める。

次に前後に揺れる

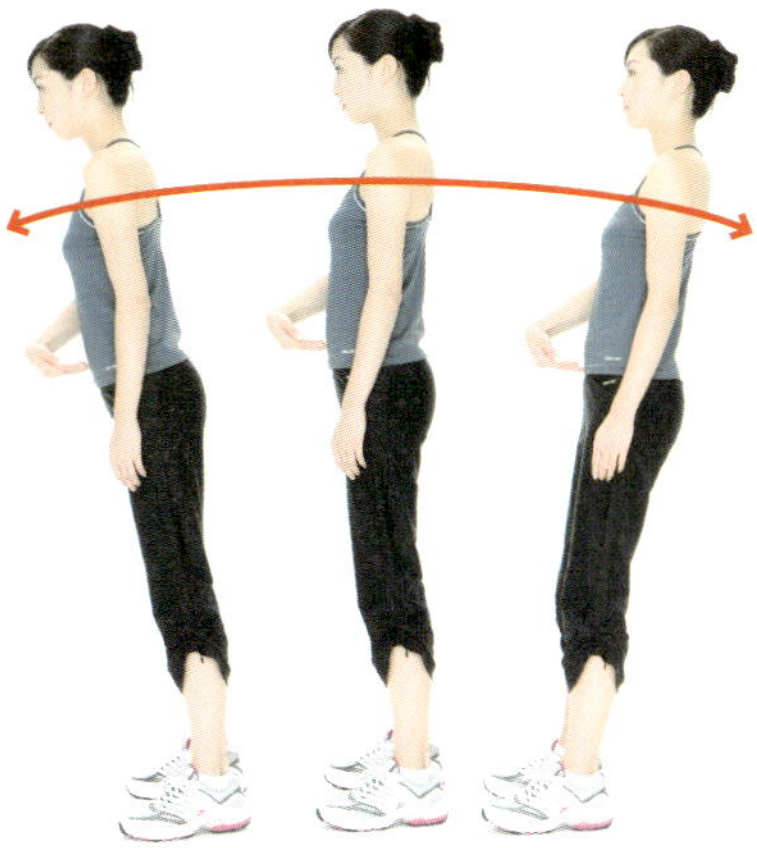

左右の中心と思ったところで、今度は前後に揺れる。同じように、「ここが一番安定している」と思うところで体を止める。これが、正しい重心の位置。

正しい姿勢のまま、歩いてみよう

「肩甲骨を引けば脚は自然に前に出る」

まっすぐに立つ感覚をつかんだら、次はその姿勢を崩さないように歩いてみましょう。実践する前に、「体幹を使った歩き」のポイントを押さえておきましょう。

姿勢は、体幹を使って立つときと同じです。背すじをまっすぐにし、胸を開いて肩甲骨を寄せます。

歩き始めるときは、肩甲骨を引きます。肩甲骨が動くと、同じ側の骨盤が自然に前に出て、その動きが下半身に伝わり、脚が自動的に前に出ます。

肩甲骨の動きが、下半身につながっているという感覚は、普段意識していないものなので、意外に思う方もいるかもしれませんが、人間の体はそのようにできています（76ページでも、この動きを説明しています）。

体幹を使えば、「骨盤を動かそう」とか「足をまっすぐ踏み出そう」と意識しなくても、スムーズに歩くことができます。

これが、全身の機能を１００％効率よく使った歩き方。肩甲骨を動かすだけで骨盤が動き、なめらかに脚が出る、非常に美しい歩き方になります。

肩甲骨をしっかり動かす

肩甲骨を引くと骨盤が前に出る

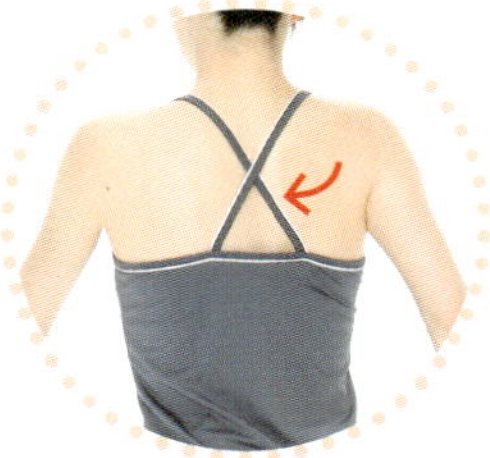

腕を後ろに引いたとき、肩だけでなく肩甲骨が真ん中に寄る。この動きが背中から腰に伝わり、骨盤を動かす。

ファッションショーのモデルも体幹で歩く

スマートに歩くショーのモデルも、胸を開き、骨盤からしっかり脚を動かして歩いている。これがスッキリとした背中のラインを作るポイント。美しい歩き方を訓練されたモデルは、ランニングにも向いているということになる。

体幹で歩くために意識するポイント

「まっすぐな姿勢と目線をキープ」

それでは、体幹を使った歩き方を実践してみましょう。

70ページで、体幹を使った歩き方の特徴を説明しましたが、これを一つ一つ意識する必要はありません。

頭で考えると、ロボットのようなぎくしゃくした歩き方になってしまうので、難しく考えないでください。

歩きながら意識してほしいのは、2つだけです。ひとつは、66～67ページの「体幹で立つ①」で覚えた正しい姿勢。胸を開き、目線を前に定めて、まっすぐな姿勢を保ってください。

もうひとつは、一本の柱のようなまっすぐな軸をキープしながら、肩甲骨をしっかり寄せて歩き始めること。上半身と下半身が自然に連動し、きびきびとした力強い歩きになるはずです。

実際にやってみれば、なるほどと合点がいくと思いますが、上半身と下半身がうまく連動しない人は、44～45ページの「体幹エクササイズ」の「ツイスト」を行いましょう。骨盤まわりをやわらかくして、上半身がねじれる感覚を思い出してから歩いてみてください。

体を動かす順番

体幹で歩くとき、体は1～4の順番に連動して動きます。重要なのは、2つのポイント。

POINT
目線はまっすぐ前方に定める

POINT
胸を開き、背すじを伸ばす

1 ひじを引いて肩甲骨を動かす

2 引いた側の骨盤が自然に前に出る

3 骨盤の動きが伝わり、脚が前に出る

4 しっかりとかかとから地面につき、体重をのせる

体幹を使えるようになったら、歩くスピードをアップ！

体幹を使って歩くと、体がどんどん前に進んでいく感覚がつかめる。コツをつかんだら、歩く速度を上げていこう。「体幹ランニング」は、歩きの延長にある！

歩き方の悪いクセを直そう

ココを意識! 肩を回して肩甲骨を動かす

ひじを前から後ろに回し、肩甲骨の筋肉をやわらかくする。胸が開くことで体の軸がまっすぐに。肩甲骨の動きをサポートすることで、体幹にスイッチが入りやすくなる。

日常生活での注意

1. 高すぎるヒールを履かない
2. 目線を上げ、足元を見ない

ケース1 ひざが曲がっている

老人のような歩き方ですが、じつは若い女性に多い歩き方。高いヒールの靴を履くと、まっすぐ軸を保てなくなり、バランスをとろうとして、このような姿勢になります。ひざが曲がっているだけでなく、腰が引け、背中も丸まり、顔だけが前に出た姿勢に。この状態で長く歩くと、非常に疲れやすくなります。

ケース2 左右のバランスが悪い

自分では姿勢を正しく保っているつもりなのに、どちらかの肩が下がったり、腰の高さがそろっていない人がいます。左右のゆがみは、日常生活のクセからくるもので、そのまま歩くと、さらにゆがみがひどくなってしまいます。クセを改めると同時に、左右均等に体重をかけて歩く練習を行いましょう。

ココを意識! 「右、左」交互に体重をのせながら歩く

片足にしっかり体重をのせて歩く練習を。右足を踏み出したら右足の真上に、左足を踏み出したら左足の真上に体重をのせる。左右均等に体重をのせる感覚を覚えよう。

日常生活での注意

1. **荷物を同じ側の手で持ち続けない**
2. **片足に体重をかけて立たない**

ケース3 お腹を突き出して歩かない

太った人に多い歩き方。体幹の筋肉が弱いと、やせていてもこんな歩き方になってしまいます。体重を、体幹ではなく腰で支えることになるので、腰痛などの原因にも。丹田を意識して姿勢を修正し、上半身をまっすぐに立てるように心がけましょう。

ココを意識! 上向きのへそを正面向きにする

姿勢をまっすぐにするのが難しければ、上を向いたへそを正面向きに修正するだけでOK。体幹に力が入りやすくなり、反った姿勢が改善される。

日常生活での注意

1. **腕を正しく振り、肩甲骨を動かす**
2. **お尻の筋肉に力を入れる**

体幹を動かす感覚がつかめる「四つんばい歩き」

上半身と下半身の連動を説明するとき、私は動物の歩き方の話をよくしています。

たとえば、チーターの歩く姿を思い出してみてください。リズミカルで、背中の筋肉がよく動いています。前脚が肩甲骨から動き、その動きが腰に伝わり、後脚のダイナミックで躍動感のある動きを生み出していることがわかります。

これは、人間にもあてはまるもの。歩く動作では、まず腕を振る動きが背中に伝わり、背中から腰、脚の動きへとつながっていくのです。

生まれて間もない頃から二足歩行をしている私たちは、この基本的な動きを無意識に行っています。そのため、本来、自然にできているはずの上半身と下半身の連動を頭で理解しようとすると、かえってわかりづらくなるわけです。

イメージしにくい人は、両手足を床について、大きく前進してみてください。背中や骨盤が自然に動く感覚がわかるはずです。この練習は、市民ランナーを教えるランニング教室でも実際に取り入れている方法のひとつです。

数メートル「四つんばい歩き」をしてみよう。背中の筋肉に誘導され、腕と脚の動きが連動する感覚がつかめる。体幹で歩くときも、走るときも、要領は同じ。

第4章

体幹で走る

体幹ランニング実践編2

いよいよ「体幹ランニング」に挑戦！
「立つ」「歩く」でつかんだ感覚のまま走れば、
驚くほどラクに、パワフルに走れる。

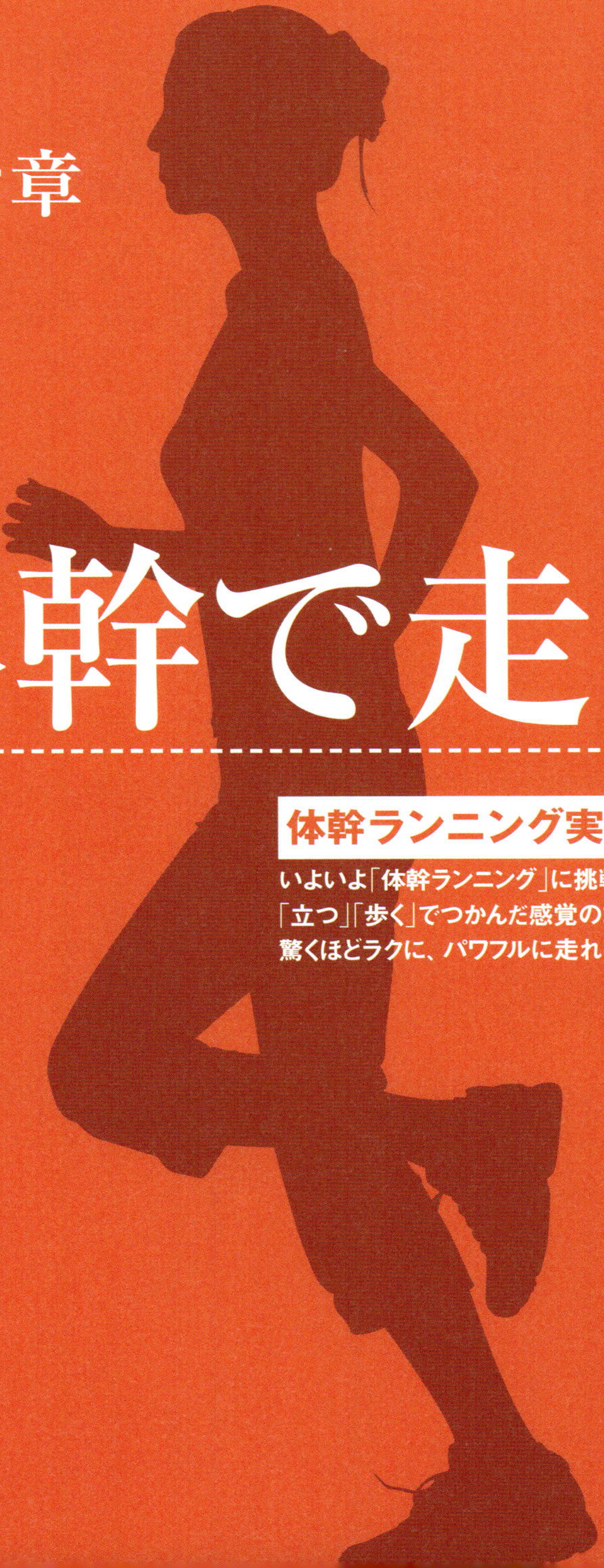

体幹で走れば速く、ラクになる

「地面からの力をいかに利用するかがカギ」

「走る」という動きは、「歩く」場合と違って、両足が地面から離れ、宙に浮いている瞬間があります。その瞬間に体を大きく前に運べるのです。

「作用・反作用の法則」は、「力が加わると、それと同じだけ逆方向の力が生まれる」というものですが、これを走りに置き換えてみましょう。

ひと足ひと足の着地の衝撃で、同じ力が地面からはね返ってきます。つまり、着地のたびに地面からエネルギーがもらえるので、着地を繰り返すだけで体をラクに前進できるのです。

ここで重要なのが体幹の大きな筋肉。体幹に力が入っていれば、体は十分に空気の入ったボールのように地面からの力をしっかりキャッチし、次の動きに生かせます。これさえできれば、ふくらはぎで蹴り出さなくても、慣性の法則でラクに速く体を進めることができます。逆に、体幹が使えないと、地面からのエネルギーがもらえません。「脚だけランニング」が疲れやすいのは、このためです。

「体幹ランニング」はよく弾むボールと同じ

体をボール、体幹の筋肉を中に入っている空気にたとえると、体幹を使った走りは、空気が十分に入ったボールと同じ。力を加えなくても地面との反発力でよく弾み、バウンドする。

「脚だけランニング」は空気の抜けたボール

体幹の大きな筋肉がゆるんでいる体は、空気の抜けたボールと同じ。地面からの力を吸収してしまうため弾まない。推進力は出ず、むしろ体への負担が大きくなる。

これが体幹を使った理想の走りだ

着地した足に
上半身をのせる
骨盤を
しっかり
動かす
肩甲骨を
しっかり
動かす
Ⓒ
Ⓑ
Ⓐ

「体幹を使った理想のランニングのポイント」

①肩甲骨がやわらかく動く

肩、腰には余計な力が入らず、リラックスした状態。腕を振ったときに肩甲骨がしっかり動いています（写真Ⓐ）。

②骨盤がしっかり動く

骨盤から動いて脚が前に出ています（写真Ⓑ）。腰が引けることなく、上半身がまっすぐに保たれたままです。また、骨盤と体全体をほんの少し前傾させて、重心を前にもってきています。

③着地した足に上半身をまっすぐのせる

着地の瞬間（写真Ⓒ）、体が一本の線のようになっています。これによって、着地の衝撃をしっかり体幹で受けることができ、地面からの力を推進力にこのポイントを頭に入れて、10〜11ページで紹介した「脚だけランニング」と「体幹ランニング」の写真を見直してみてください。「脚だけランニング」のどこに問題があるのかがはっきりわかるはずです。

換えることができます。

④体が宙に浮いた瞬間に大きく前へ

体が宙に浮いているとき、骨盤から脚がグッと前に出て、大きく前進しています（写真Ⓓ）。

⑤正しいサイクルが続く

「着地→骨盤から動いて脚が出る→宙に浮いた瞬間に前へ」という、一定のサイクルが続いています。

一連の流れを見ると、まっすぐに着地するだけで、次の瞬間、地面についた足は自然に後ろにいき、ふくらはぎで強く蹴り出さなくても体が前に進んでいるのがわかります。

顔は正面を向き、まっすぐな姿勢が常に保たれていることにも注目。体幹が活用されていれば、自然に理想のランニングフォームが作れるのです。

体幹にスイッチを入れてから走れ

ゆっくりランニングから始めよう

それではいよいよ、体幹を使ったランニングを習得するためのトレーニングを開始しましょう。大切なのは、ステップをきちんと踏み、体幹を使う準備から始めることです。

一般の市民ランナーに共通する悩みは、走る時間がなかなかとれないこと。それだけに、時間ができたらすぐに走りたいと思う気持ちもわかります。でも、ただ漫然と走っているだけでは、体幹をしっかり使うことはできません。走る力をつけ、速く、ラクに走れるようになりたいなら、体幹にスイッチを入れ、体幹を意識して走り、そのフォームを崩さないようにするという、ステップを踏んだトレーニングを心がけてください。

左ページは、「体幹ランニング」を身につけるための3つのステップです。走る前に、必ず「体幹エクササイズ」(39～55ページ)を行い、その後で、体幹を意識して、ゆっくり走りましょう。疲れてきたときの「体幹修正法」もマスターして、体幹を使う感覚を体に覚えこませてください。

3つのSTEPで「体幹ランニング」が完成する

STEP1
体幹エクササイズ

～体幹の筋肉にスイッチを入れる～

走る前に、眠っている体幹の筋肉にスイッチを入れます。肩甲骨まわり、お腹、お尻、太ももの筋肉に適度な刺激を与えると、筋肉が働きやすくなります。ぜひ、ウォーミングアップの中に組み込んでください。(39～55ページ)

STEP2
ゆっくりランニング

～体幹を意識して走る～

体幹を意識しながら、正しいフォームでゆっくり走りましょう。スピードが出てくると、フォームが乱れやすくなるので要注意です。(84～89ページ)

STEP3
体幹修正法

～乱れた体幹を修正する～

長く走っていると、体が疲れてきて体幹の筋肉がゆるむことがあります。「フォームが乱れてきたな」と思ったら、走りながらできる体幹修正法を実践し、ひどくならないうちに正しいフォームに戻してください。(92～94ページ)

意識するべきポイント1
フォームの起点となる【腕振り】

「腕ではなく肩甲骨を動かす」

走る動作で、まず動かすのはどこでしょうか。多くの人は「脚」と答えるかもしれませんが、それは誤解です。

ランニングは、腕振り、もっと正確に言えば、肩甲骨の動きによって始まります。

よく、「腕振りのときの腕の高さがわからない」「ひじの角度は何度ぐらいがよいか」といった質問をされますが、そんなことを考える必要はありません。

肩甲骨さえきちんと動いていれば、あとはやりやすい形、走りに適した形が自ずと定まってきます。

ポイントは、腕を振るのではなく、ひじをきちんと引くことです。脇を軽く締め、ひじを引きながら肩甲骨をしっかり動かしましょう。

肩に力が入りすぎて、肩が上がってしまったり、猫背になっていたりすると、肩甲骨は動きません。胸を開き、前を見て、まっすぐな姿勢を保つようにしましょう。

肩甲骨がしっかり動けば、自然と腕が振れます。決して「しっかり振ろう」「速く振ろう」と意識しなくて大丈夫です。

ひじを引いて背中を使った腕振りを！

OK

正しい腕振り

ひじを後ろに引くと、肩甲骨が中心に寄る。これが、骨盤から下半身の動きを始動。「背中で走る」理想のフォームの起点となる。

NG

NGの腕振り

体の前のほうで腕を振っても、肩甲骨は動かない。これでは上半身と下半身の連動がうまくいかず、ぎこちない走りになるので注意。

肩甲骨に羽が生えた
つもりで、羽をしっかり
動かして走る

腕振りの
障害となるクセは
直しましょう!

肩が上がりすぎないように

肩に力が入りすぎ、肩が上がってしまったフォーム。これでは、いくら腕を振っても肩甲骨が正しく動きません。肩甲骨のまわりを柔軟にするためにも、力みすぎないことが大切です。

肩が上がると、
肩甲骨がうまく使えない

がんばって走る市民ランナーに多く見られるフォーム。苦しくなって、腕だけを必死で振ろうとするとこうなってしまう。

腕の振り方は走り方によって変わる!

歩幅の
せまい人

歩幅の
広い人

せまい歩幅で小刻みに走るピッチ走法のランナーは、ひじをたたんだコンパクトな腕振りに。歩幅の大きいストライド走法のランナーの腕振りは、曲げた角度が大きく、ダイナミックになる。ちなみに前者の代表は高橋尚子選手、後者は野口みずき選手。

意識するべきポイント2

走るパワーを引き出す“要《かなめ》”【骨盤】

「スイッチが入っていれば意識しなくても骨盤は動く」

腕振りから始まった動きを、下半身につなげる要となるのが骨盤です。

「体幹ランニング」では、体が空中に浮いている間に骨盤をグッと動かし、体から生み出されたエネルギーと地面からの力を使って体を前に移動させます。

ただし、日頃、骨盤を動かしていない人がこれをやろうとしても、なかなかうまくできません。

骨盤を意識しすぎると、骨盤だけ動かそうとしてしまい、腰が不自然にねじれたり、上半身が不安定になったりして、きちんと走れなくなってしまうのです。

骨盤をしっかり動かすためには、「体幹エクササイズ」で骨盤を動かす筋肉にスイッチを入れておくこと、そして、骨盤まわりの筋肉をやわらかくしておくことが大切です。

この2点さえできていれば、骨盤は動かそうとしなくても自然に動いてくれます。脚を前に出すのではなく、骨盤から下が脚になっているように思えば、簡単にイメージがつかめるはずです（骨盤については28ページも参照）。

骨盤が動く仕組み

自然に動いているとき

肩甲骨の動きに合わせて、骨盤が自然と前に出てくるのが正しいフォーム。「骨盤を前に出そう」と意識しなくてよい。

ただねじれているだけ

骨盤を動かそうと意識すると、こんな不自然な格好になることも。これでは、腰がねじれているだけで、骨盤は動いていない。

着地するごとに
骨盤が動き
推進力を引き出す!

骨盤だけ動かそうとしないことが大切です!

スムーズに骨盤を動かすために骨盤の柔軟性を高めましょう

動きの悪い人は、体幹エクササイズの「腰上げ」と「腹筋」をしっかり行い、骨盤をやわらかくするストレッチを重点的に行いましょう。

骨盤と股関節の動きをよくするストレッチ

足を前後に大きく開き、前の脚のひざを深く曲げて腰を落とす。上半身をまっすぐに起こして腰を深く入れ、脚の後ろ側から脚のつけ根まで伸ばす。

意識するべきポイント3

重心をなめらかに運ぶための最重要テーマ【着地】

〝真上からまっすぐ〟を意識すればOK

地面からもらう力を推進力にして走る「体幹ランニング」では、着地が非常に重要なカギになります。

といっても、「足の裏のどこで着地するか」ではありません。着地で重要なのは、末端部である足の裏ではなく、まさに「体幹」なのです。

ポイントは、着地した足の真上に、骨盤から上の上半身をまっすぐにのせること。これさえできれば、ふくらはぎで強く蹴り出さなくても、体は、自然に前へ前へと運ばれます。

自分の足元を見ながら走ってみてください。足の上に体がまっすぐにのっていれば、着地したときに自分のつま先が見えることはありません。つま先やひざが見えたら、上半身がまっすぐのっていない証拠です。

まずは、ゆっくり走りながら、上半身をまっすぐのせる練習をしてみましょう。着地するたびに、地面を真上から「ポン、ポン」と踏む感覚です。

うまくできるようになれば、自分の走りが格段にラクになったのを実感するはずです。いままで感じていた体の重さから解放された走りは、とても軽快なものです。

着地が乱れると、フォームは崩れていく

安定した着地

着地した足の上に、上半身がまっすぐのっている。これが地面からの反発力を体幹の筋肉で受け止めることにつながる。

乱れた着地

右の写真は、上半身が左右に傾いてしまっている。脚や腰への衝撃が大きくなり、長く走ると痛みや故障を招くことになる。左の写真は、足を体の外側に蹴り上げる走りの着地。着地で体幹の力が抜けてしまう分だけ効率が悪く、スピードが出ない。

着地した瞬間、
足元から頭まで
軸がまっすぐ
通るように！

地面をまっすぐ
踏みつけながら
ゆっくり走ろう

**ゆっくりペース＆
小さめの歩幅で！**

速く走ろうとすると、前に出るのは脚だけで、上半身が残ってしまいがちに。ゆっくりしたペースで歩幅を小さくし、一歩一歩、地面をまっすぐ踏みつける練習をしましょう。

調子が出て脚の運びが速くなりすぎたら、スピードをゆるめ、地面をまっすぐ「右」「左」と踏みつけよう。こうすると、体幹をまっすぐのせる感覚を思い出せる。

長く走ると、体幹が乱れてくる

「体幹を立て直せば理想のフォームに戻る」

「体幹ランニング」を実践すると、軽くラクに走れるようになります。コツをつかめば、とくに意識しなくても、この走り方が自然にできるようになり、理想的なフォームになるでしょう。ただし、長時間走っていると、徐々に体幹の力が抜けてくることがあるので気をつけてください。

「体幹ランニング」がいくら無駄のない走り方であっても、体への負担がまったくないわけではありません。

また、どんなにトレーニングしている人でも、筋肉のつき方や骨格に偏りはあるもの。長く走ったり、ちょっとスピードを出したりすると、フォームが乱れてきます。

たとえば、右の腹筋が弱い人は、左右の脚を均等に前に出すために無意識に右足を強く蹴るようになります。繰り返すうちに、右の太ももやふくらはぎを使いすぎる走り方に変わり、体幹が使えなくなります。

重要なのは、「疲れてきたな」と思ったら、走りながら自分のフォームをチェックすること。おかしなフォームになっていたら、92ページから紹介する方法で早めに修正し、正しい動きに戻すことを心がけましょう。

体幹の乱れを確かめる方法

❶店のウィンドウに映る姿をチェック！

走行中の自分のフォームを見たいときは、ショーウィンドウを利用するのもひとつの手。一緒に練習する仲間がいれば、お互いにフォームを確認し合うのもよいでしょう。

❷走行中に自分の体をチェック！

「体幹ランニング」は、大きな筋肉で体重を支えるので、太ももや腰など体の一部だけがつらくなることはありません。もし、つらくなってきたら、フォームが乱れてきているサイン。

❸走った後に体の違和感をチェック！

「脚だけランニング」になると、ひざや腰などへの負担が増します。走り続けると、違和感が生じ、それが痛みに変わることも。走った後の体の状態もチェックしましょう。

修正法はこれ! お尻をトントンたたき大殿筋のスイッチをON

腰が後ろに引けるのは、お尻の筋肉、大殿筋のスイッチがOFFになってしまっているからです。走りながら拳でお尻をトントンたたいて刺激し、お尻の筋肉を意識しましょう。

症状1 腰が引けてきた

お尻、お腹の力が抜けているときに出る症状です。重心が後ろに残るので、体を運ぶのに脚の力が必要に。前に進まないわりにエネルギーを消耗して、疲れやすくなります。

修正法はこれ! 肩甲骨をキュッと引き寄せる

猫背の人は肩が前にきてしまいます。左右の肩をキュッと後ろに引き、肩甲骨を寄せると、胸が開き、背すじがピンと伸びます。走りながら、気がついたときに直しましょう。

症状2 猫背になってきた

ランニング中に猫背になりやすい人は、普段から姿勢の悪い人です。疲れてくると、本来の悪いクセがより出やすくなります。

症状3 頭が下がってきた

長時間走って体が疲れてくると、目線が下がってうつむきがちになります。体全体が緊張してこわばり、肩甲骨や骨盤の動きも悪くなってくるので、早めに対処しましょう。

修正法はこれ! 一度歩いて伸びをし、姿勢を整える

体全体が緊張して萎縮するので、それをほぐすのが一番。走りを歩きに変え、手を組んで大きく伸びをしながら深呼吸しましょう。体がほぐれるまで、ゆっくり歩いて。

症状4 脚が後ろに流れてきた

骨盤の動きが悪くなったときに出る症状。着地の際にお腹の筋肉が働いていないため体幹が機能せず、脚だけで体を運ぶことになります。これでは、必死に走っても疲れるだけ。

修正法はこれ! 丹田をたたいて、意識を集中させる

丹田に意識を集中させながら、下腹を指先でトントンたたき、お腹の筋肉にスイッチを入れましょう。お腹がかたくなってきたら大丈夫。

症状5 肩が上がってきた

疲れがひどくなると、緊張で肩が上がってくることがあります。肩が上がると重心も上がってしまい、体幹の力がゆるみがちになります。また、脚や腰が痛くなることもあります。

修正法はこれ! 肩をグーッと上げて、ストンと落とす

走りながら、肩の緊張をほぐそう。いったん、肩をグーッと上げ、一気にストンと落とす。そのときにフッと息を吐くようにして。肩だけでなく全身の緊張も解消できます。

症状6 腰が落ちてきた

腰が落ちるのは、骨盤が後傾してくるからです。すると、着地の衝撃をひざや太もも前側で受けることになり、脚の疲労度が増します。早めにフォームの立て直しをしましょう。

修正法はこれ! 走りながら骨盤を前傾させる

手を腰にあてて、後ろに傾いた骨盤をキュッと前傾させよう。上半身がグッと前に出て、骨盤の上にまっすぐのる感覚が復活したらOK。

苦しくなったら
この呼吸法を実践しよう!

「体幹ランニング」が身についたランナーから、よくこんな質問を受けます。「体幹を使って走るようになったら、息が苦しくなるんですけれど……」。

じつはこれ、至極当然のことです。前にも述べたように、「体幹ランニング」を行うと自然と動きがダイナミックになり、スピードが増します。それだけ運動がハードになるので、呼吸が苦しくなるのは当たり前のことなのです。

そこで、覚えておきたいのが、苦しくなったときの呼吸法です。苦しくなると、たくさん空気を取り込もうとして、息を吸おうとします。でも、これは間違いです。息は、まず、十分吐ききることが大切で、吐ききれば自然に入ってくるものと考えてください。

長時間走るときは、とくに体をリラックスさせながら、下の呼吸法を実践してみてください。小まめにやると、呼吸がグンとラクになります。

また、日頃から腹式呼吸を練習しておくことも効果的です。息を吐くときは、お腹をへこませて十分に息を吐ききり、吸うときはお腹をふくらませてたっぷり吸いましょう。日常生活の中で練習しておくと、ランニング中にも深い呼吸ができるようになります。

肩の力を抜き、深く息を吐くのがコツ

呼吸が苦しくなったら、深く息を吐いて呼吸を整える。まず、走るスピードをゆるめ、肩の力を抜いてリラックスする。そのまま、ゆっくり走りながら、「フーッ」とゆっくり長めに息を吐く。しっかり吐ききれば、自然にたっぷり空気が入ってくる。

を選ぼう

ランニングは、着地する動作を何度も繰り返す運動です。着地のときは、体重の3倍もの衝撃を受けるので、足への負担は並大抵ではありません。これから走ろうという人は、必ず、ランニング専門のシューズを用意してください。

ランニングシューズには、初心者用、中級者用、レース用などがあり、これは、体幹力のレベルによって分けられているともいえます。体幹力がまだ鍛えられていない初心者は、それだけ足に負担がかかり、着地が乱れやすいため、サポート性があり、足をしっかり支えてくれるシューズが必要になるわけです。

最近は、体幹力をサポートするシューズも出るなど、バリエーションも豊富です。ショップの人に相談し、自分に合ったシューズを手に入れましょう。

ランニング時のシューズの役割

地面からの衝撃を走力に合わせて吸収し、かかとからスムーズに体重を移動させる動きを助けます。当然、足に合った靴を履けば、走りがラクになります。

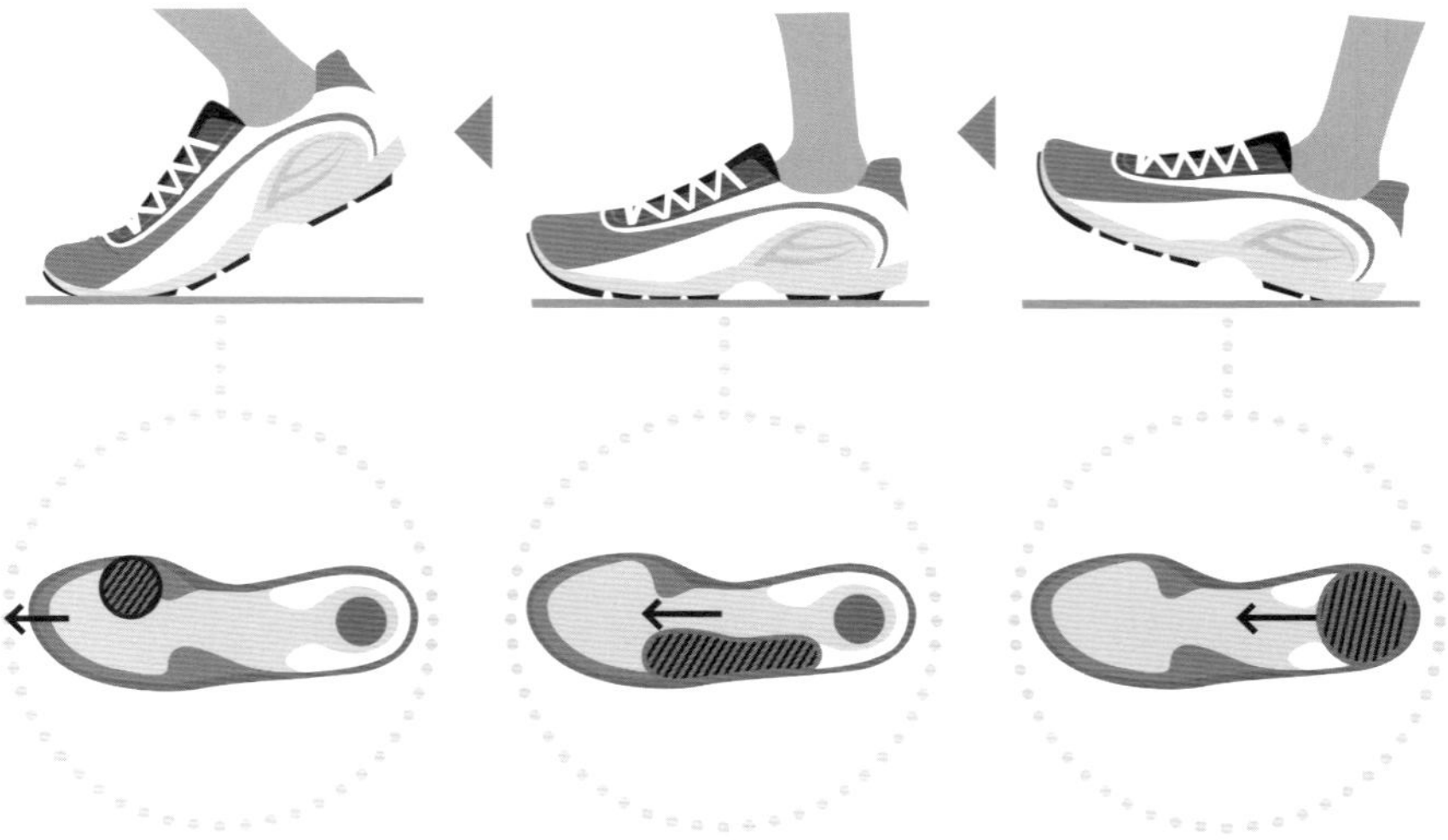

最初に衝撃を受けるのは、かかと部分。そのため、一般的なシューズではソール（靴底）のかかと部分には、クッション性の高い素材が用いられていることが多い。

かかとで着地した後、体重は足裏の中央から前へと移動する。ソールの接地面は、足裏の外側のみ。土踏まずの部分は、接地しない構造になっている。

前方に移動した体重は、親指のつけ根の内側にある拇《ぼ》指《し》球《きゅう》という部分にのり、前へと抜ける。スムーズに抜けるよう、シューズのつま先は少し反り上がっている。

体幹力に合ったシューズ

3つのポイント

1 かかとの反発力

着地したときに受ける衝撃を推進力に変える要素として、かかとの反発力が重要となる。衝撃を軽くしながら、反発力をしっかり利用できる構造になっているものがベスト。クッション性を優先させたシューズの場合、かかとが沈みこみ、重心の位置が後ろ寄りになり、反発力を十分に利用できないことがある。

2 足を安定させるサポート性

着地したときの足のブレを防ぐために、しっかりとしたサポート性があること。サポート性はソール（靴底）、アッパー（靴の上部）両方によって生まれる。筋肉量の少ないビギナーは、着地時のブレが痛みや故障につながりやすいため、よりサポート性の高いシューズを選びたい。

3 体重移動を助ける機能

かかとからつま先まで、体重がすみやかに移動するのを助けるような機能を備えていること。スムーズに体重移動ができ、着地時の接地時間が短くなれば、自然に「体幹ランニング」ができる。

流行のトレーニングも体幹を鍛えるのが目的

体幹は、さまざまなスポーツで重要視されています。体幹を使わないと、柔道や空手などの格闘技では簡単に倒されてしまうし、野球のピッチングでもコントロールのきいた重い球は投げられません。自転車をこぐときも、じつは体幹の筋肉が重要です。太ももの前側の筋肉だけでなく、上半身を使って骨盤から脚を回転させることで、効率よくペダルをこぐことができるのです。

体のコンディショニング作りを行うピラティスやバランスボールは、体幹の筋肉を鍛える効果が絶大です。体の軸を支える大きな筋肉を強化することで、引き締まったバランスのよい体型を作ることができるのです。

バランスボール

不安定なボールに座ってバランスを保つことで、体幹やインナーマッスルを鍛える道具。スポーツクラブでも人気。

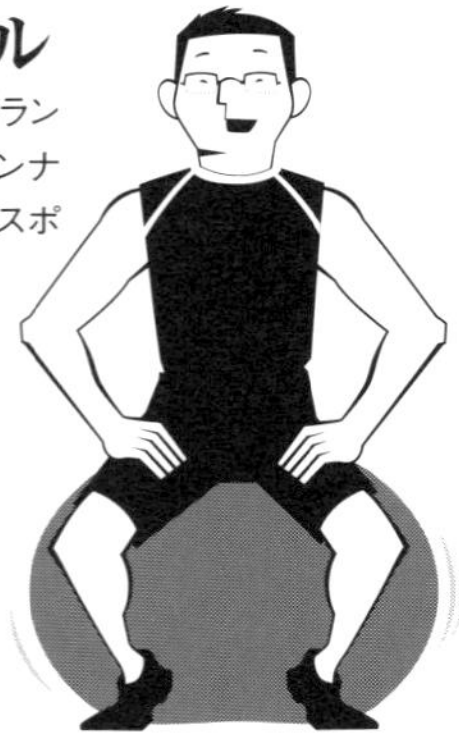

ジャイロキネシス

イスやヨガマットの上で曲線的に体を動かし、ゆがみを直しながら体幹の筋肉を刺激する運動。

ピラティス

体幹を鍛えることを目的にしたエクササイズ。インナーマッスルを刺激して、体を引き締める。

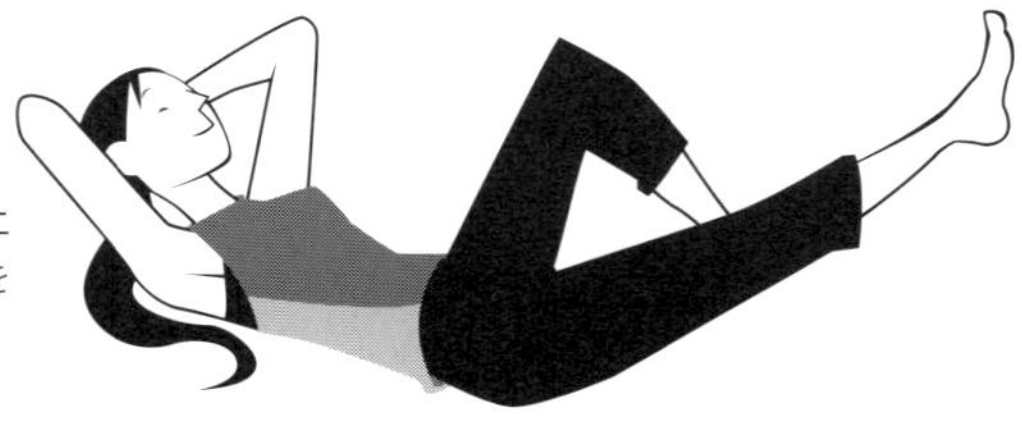

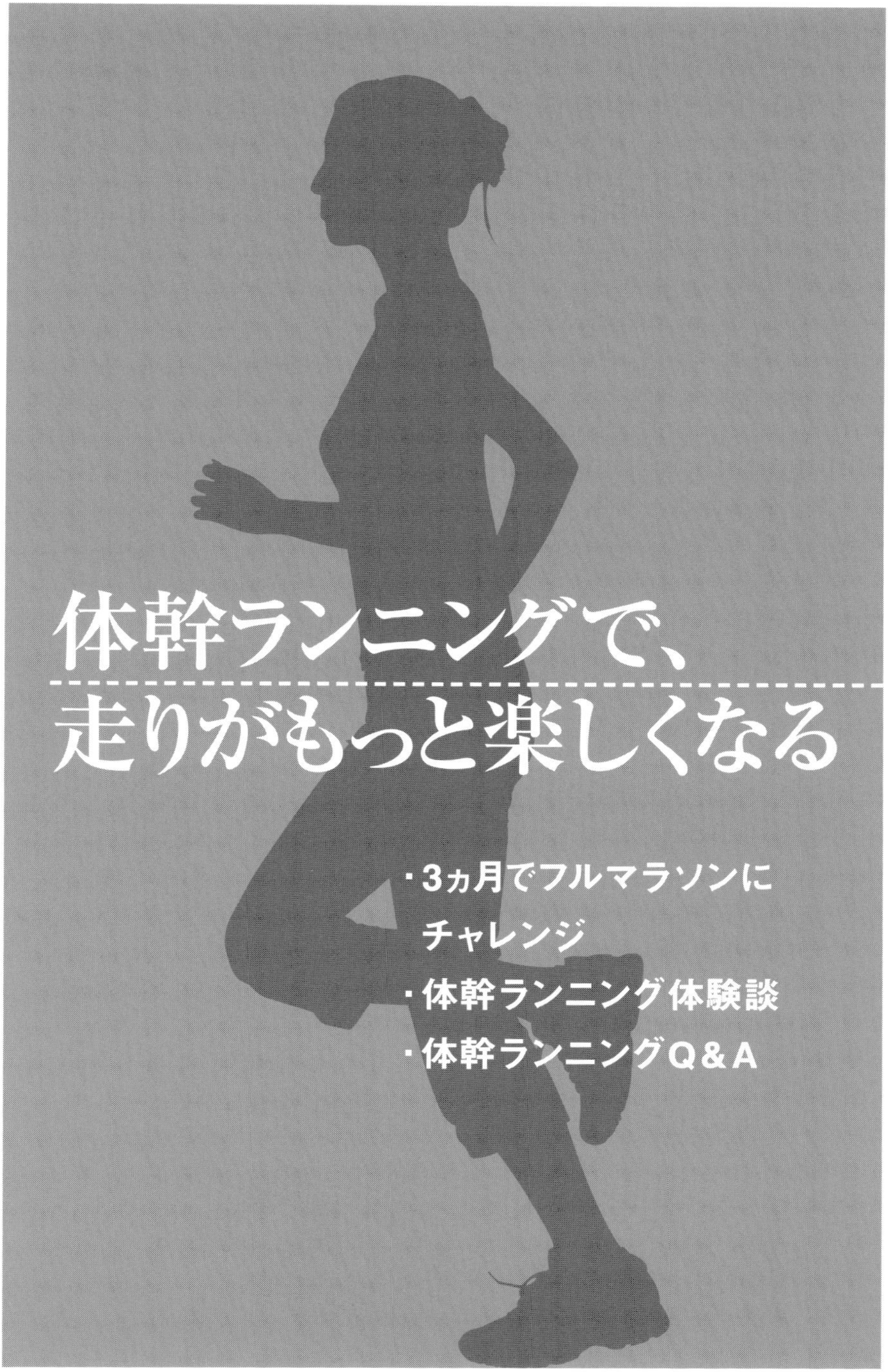

体幹ランニングで、走りがもっと楽しくなる

・3ヵ月でフルマラソンにチャレンジ
・体幹ランニング体験談
・体幹ランニングQ＆A

体幹で完走！　目標タイムをクリア！

3ヵ月でフルマラソンにチャレンジ

体幹エクササイズとメリハリをつけたトレーニングがカギ

走る楽しさ、気持ちよさがわかったら、レースにチャレンジしてみましょう。目標タイムを設定して臨むレースに向けたトレーニングは、少なくとも3ヵ月(12週間)前から行うのが基本。具体的な練習メニューは、その人の目指すタイムや練習環境によって異なります。

共通するのは次の2点。

①「体幹エクササイズ」を行うこと

②練習メニューにメリハリをつけること

この2点を心がけてトレーニングすれば、走る力もつき、走りながら体幹力を鍛えることができます。

3ヵ月の組み立ては、3つのステージに分けて考えるのがおすすめです。101〜103ページで、そのポイントを紹介するので、トレーニングプランの参考にしてください。初心者の方は、まず、第2章で紹介した「体幹エクササイズ」で体幹力をしっかりつけ、30分ほど続けて走れるようになってから、このメニューに挑戦しましょう。

※巻末付録の、金哲彦作成による「レースを狙う！　3ヵ月練習メニュー」とあわせてご覧ください。

ステージ① 導入トレーニング

まず、6週間で
走る基礎を作る

６週間のうち、最初の２週間は、フルマラソンを走りきるための体の基礎を整える期間。練習メニューにメリハリをつけることが重要なので、毎日、同じように走るのではなく、しっかり歩く日、長くゆっくり走る日など、１週間の中で練習内容を変えていきましょう。

また、体作りのためには休養も必要。翌日、たくさん走る日は、深酒や夜更かしを避け、体調を整えてください。

次の３週間は、ステージ②の「走りこみ」に入るための準備。走る距離を延ばしたり、負荷のかかる練習を加えたりしてレベルアップを図ります。残り１週間は練習を軽めにし、疲れた体の回復にあてましょう。

トレーニングポイント

1 練習にメリハリとリズムをつける

2 練習を生活の一部にする

3 徐々に負荷を高めていく

この期間の 練習キーワード

①しっかりWalking

70〜75ページで紹介している「体幹で歩く」を行う。
普段の歩きより少し歩幅を広くし、力強く歩く。

②Jog

ラクなペースで走ること。スピードは、その人の走力によるが、
息が「ゼイゼイ」いわない程度のスピード。
102ページで説明する「LSD」より少し速い。

ステージ❷走りこみ

次の4週間で走力を高める

このステージでは、目標タイムをクリアするために自分の体を作り変えます。4週間のうち最初の3週間が走りこみです。つらくてもがんばりましょう。走る距離も長くなるし、負荷の高い練習も増えるので、故障をしないように慎重に取り組んでください。

練習前後には、関節をほぐしたり、ストレッチをしっかり行いましょう。疲れや痛みがあるときは、アイシング（患部を冷やすこと）したり、マッサージしたりして、体をメンテナンスして。残りの1週間は、走りこんで疲れた体を回復させるのにあてます。しっかり休むためにも、最初の3週間で十分に走りこむことを忘れないように。

トレーニングポイント

1 負荷をかけた練習をがんばる

2 ラスト1週間はしっかり休む

3 体をケアして故障を防ぐ

この期間の 練習キーワード

①LSD

Long Slow Distanceの略で、「ゆっくり長く走る」こと。人と会話できるくらいのラクなペースで、90分以上を目安に行う。

②WS

Wind Sprintの略で、全力疾走の7～8割の力で走る練習。筋肉や心肺機能に負荷がかかるため体が進化する。一本100m程度を数本繰り返す。

③坂ダッシュ

100～200mの坂を、上りはダッシュで、下りはゆっくり走る練習を数本繰り返す。心肺機能強化に有効。

ステージ ③ 調整

最後の2週間で
コンディションを整える

レース前の2週間は、トレーニングで作ってきた体をレースで最高の状態にもってくるための調整です。練習量を落として疲れをとること、それと同時に、筋力を落とさず、レースのペースに慣れることに重点を置きます。

そして、レース直前には体に刺激を与え、レースに臨むこと。レースが近づいてくると、不安や緊張が高まってくるかもしれませんが、あせらず、じっくりと行ってください。また、マラソンでは、レース直前に脚が軽いより、多少、重いほうが走れることも忘れずに。これまでやってきたトレーニングの効果を信じて、本番に臨みましょう。

トレーニングポイント

1 練習量を落とし、コンディションを整える

2 レースのペースで走ってみる

3 直前に体に刺激を与える練習をプラスする

この期間の 練習キーワード

①快調走

ジョギングのペースから始めて後半にスピードアップし、快調に走る練習。距離感覚をつかみながら走るのが効果的。

②レースペース走

レースの目標タイムから計算したペースで走る。フルマラソンを5時間以内で走ることを目指すなら、5kmを33分程度で走る必要がある。レースの10日くらい前に行うとよい。

走りが変わった！ 体が変わった！

体幹ランニング体験談

体幹を使えるようになると、走りも体もガラリと変わります。実際にその変化を体験した3人のランナーの話を紹介しましょう。「体幹ランニング」にはさまざまなメリットがあることがわかります。

「故障グセがなくなって、気持ちよく走れるようになった」

金子美佐さん
22歳
ランニング歴1年

夢だったホノルルマラソンに出たくて、約1年前からランニングを始めました。高校時代、バスケットをやっていたのでスポーツには自信があり、練習を開始して1ヵ月くらいで、30分続けて走れるようになりました。

しかし、「この調子でがんばるぞ！」と思って、さらに走る距離を延ばした矢先、急にひざの奥に鈍い痛みが走るようになったのです。脚を気にしながら走っていたのですが、痛みはだんだんひどくなり、それ以降、満足な練習ができなくなりました。

そんなとき知ったのが体幹を使った走り方。私は、自分の走りを変えたい一心で、「体幹エクササイズ」を続け、肩甲骨を動かしてしっかり歩くことからやり直してみたのです。

「走り方を変えるだけで故障を防げるのかな……」と、最初は半信半疑だったのですが、肩甲骨を意識しただけでグングン体が前に進むのがわかりました。速度を上げても、以前のようなひざの違和感が出なくなったのです。

すっかり自信のついた私は、ホノルルを目指して本格的なトレーニングを開始。体幹が使えるようになったことで、ゆっくり長く走っても筋肉痛になることなく、軽快に走れるようになりました。正しい走り方を身につけた私は、ホノルルでフルマラソンを無事に完走。今ではますますランニングにはまっています。

「走るパワーがついて、タイムが一気に縮まりました」

高橋浩太郎さん
33歳
ランニング歴5年

ランニングは私の生活になくてはならないもの。走り始めて5年、現在は、レースに出るのを目標に、毎日練習に励んでいます。

最初の1〜2年は、練習を重ねれば重ねただけ長く走れるようになり、スピードもぐんぐん出せるように。初めて挑戦したフルマラソンでは、4時間8分というなかなかの好タイムで完走することができました。

次は4時間を切ろうと、決めた私は、一日10㎞、休日は15〜20㎞というノルマを課し、レベルアップを図ることにしました。ところが、あるところから、いくら練習してもタイムが縮まらなくなってしまいました。「これが限界なのかな」と思ったとき知ったのが、「体幹エクササイズ」でした。

エクササイズをひととおりやってみると、「後ろももスクワット」や「腹筋」が非常に苦手なのが判明。自分の弱点を突きつけられた気がしました。それ以降、私は毎朝、「体幹エクササイズ」を3セット行っています。体幹の筋肉がつくと、驚いたことに速く走ろうとしなくてもスピードが出て、走りが見違えるほどパワフルに。

限界と思ったのが嘘のように、ラクに速く走れるようになりました。半年後に出場した2回目のフルマラソンでは、なんとタイムを25分も縮めることに成功。今はサブスリー(フルマラソンを3時間以内で完走すること)を目指してがんばっています。

「軽く走っていただけなのに体重が3kgも減りました」

塩田加奈子さん
31歳
ランニング歴2年

ストレス解消のために始めたランニング。レースを目指したり、タイムを気にしたりといったこととはまったく無縁で、ゆっくり走るのが私のスタイルです。

最初は、10分程度しか連続して走れなかったのが、続けるうちに20分、30分、1時間と長く走り続けられるようになりました。こうなると、走るのがだんだん楽しくなり、自分のランニングフォームが気になるようになってきました。

そんなとき、友人に誘われて参加したランニング教室で「体幹ランニング」に出会いました。「体幹エクササイズ」をしただけで、ランニングフォームがみるみる改善されるのに驚きました。初めての体験に感動した私は、その日から、体幹を意識した走りを心がけるようになりました。

「体幹ランニング」の何よりの収穫は、全身が引き締まったこと。自己流のフォームで走っていたときは、走っても変わらなかった体型が、すっきりシェイプアップされました。

とくにうれしいのは、背中や腰など、なかなか取れなかったぜい肉がなくなったこと。がむしゃらに走っているわけではないのに、半年で3kgも体重が減りました。姿勢もよくなり、日常生活でも疲れにくくなったみたいです。ランニングを通じて、体幹の大切さを身をもって感じることができました。

疑問にお答えします！

体幹ランニングQ&A

「体幹ランニング」のことからランニングの練習法までよくある疑問にお答えします。

Q1

「体幹ランニング」で走ると、スピードが出すぎてしまいます。スピードを抑えるにはどうすればよいですか？

A1

踏みこむ力をゆるめ、体が前傾しすぎないようにすると、スピードは自然に落ちます。このとき、ピッチ（速さ）はあまり変えないほうがベターです。「体幹ランニング」の原理は、ゆっくり走るときも速く走るときも同じなので、あまりスピードにこだわらず、基本をしっかり身につけることを心がけてください。

Q2

「体幹ランニング」を始めたら、すぐに息が上がるようになりました。基本の呼吸法を教えてください。

A2

学校の体育の時間に習う「吸って吸って、吐いて吐いて」を意識しないこと。自然な呼吸は意外とゆっくりとしたリズムです。着地した瞬間に「フッ」と強く息を吐くようにすると、深い呼吸になり、お腹にも力が入ります。まずは、この方法をマスターしましょう（「体幹ランニング」で苦しくなったときの呼吸法は95ページで紹介しています）。

Q3

坂道で「体幹ランニング」を実践するコツを教えてください。

A3

上り坂では腕を少し下げ、後方にひじをしっかり引くこと。より上半身の力を使って走るようにします。下り坂では、少し小股でピッチ（速さ）を上げるようにすること。このとき、体をのけぞらせてブレーキをかけないように注意してください。

Q4

ランニングを始めたばかりです。脚が痛くなることはないのですが、30分以上走るとスタミナ切れします。持久力を高める方法はありますか？

A4

まだ、30分しか走るスタミナがないということです。30分走ったら、止まらずに一度歩き、体力が回復したら再び走りだすようにしてください。一度にたくさん走ろうとせず、走る時間を小分けにして長く動き続けるとよいでしょう。そうすれば、徐々にスタミナはついてきます。

Q5

「体幹エクササイズ」のほかに、ウォーミングアップで行っておくべきことはありますか？

A5

上半身、腰、足の関節を動かす運動と、これらの筋肉を伸ばすストレッチを行うことをおすすめします。関節をほぐし、ストレッチを行ってから「体幹エクササイズ」を行うのが効果的です。

Q6

走りながら、お腹やお尻に力を入れるという感覚がわかりません。意識しすぎるとおかしな動きになってしまうのですが、コツはありますか？

A6

体幹にスイッチが入っていれば、意識しなくても、着地の瞬間、自然に力が入り、空中で力が抜けます。重要なのは、体幹の力が抜けっ放しにならないこと。走りながらお腹やお尻の筋肉を指や拳でたたき、着地の瞬間に筋肉がかたくなるのを確認してください。

Q7

筋肉をつけすぎると体が重くなるのでマラソンにはよくないと聞きました。体幹の筋肉を鍛えすぎて、マイナスになることはないですか？

A7

体幹の筋肉は、マシンを使って過剰に鍛える必要はありません。あくまでランニングの中で鍛えるのが理想です。体幹の筋肉が鍛えられると、筋肉がついた分、脂肪も燃焼するので、体重の著しい増加にはつながりません。

Q8

普段はジムのトレッドミルで走っています。「体幹ランニング」をマスターするには、外を走ったほうがよいのでしょうか？

A8

トレッドミルでも、「体幹ランニング」のコツをつかめばそれなりの効果はあります。でも、着地のとき、自分の体重を完全に支えることができないので、やはり外を走ったほうが感覚はつかみやすいでしょう。できれば週に一度くらいは外を走ることをおすすめします。

Q9

小さい頃から運動が苦手です。一度はマラソンに挑戦したいのですが、こんな私でもランナーになれるでしょうか？

A9

子供の頃、体育の成績が悪かった方でも、体幹を意識して正しく走れば、必ず走れるようになります。また、楽しみや健康のために走るマラソンは、スピードを上げて走るわけではないので、足が速い必要はありません。安心してトライしてください。

Q10

雪や雨で外を走れないときの、おすすめの練習法はありますか？

A10

雪の日は滑って転倒する危険があるので、外は走らず室内で行うトレッドミルや、屋内の走路を利用するようにします。雨の日は、大雨でなければ、ランニング用のレインウエアを着れば問題ありません。天候が悪く、外を走れない日こそ、室内でしっかり「体幹エクササイズ」を行ってください。

Q11

健康のために走っていますが、タバコとお酒がやめられません。走るときに、喫煙、飲酒について気をつけることがあったら教えてください。

A11

タバコは、酸素摂取能力を阻害してしまうので、走りたいなら絶対にやめたほうがよいと思います。お酒は多少飲んでも問題はありません。ただし、走ったあとにすぐに飲んだりせず、水分をしっかりとってから適量を飲むようにしてください。

Q12

真夏、真冬に走るのが苦手です。季節に合った練習方法を教えてください。

A12

真夏は、気温や湿度の高い時間帯を避け、早朝など涼しい時間帯に走るようにします。だらだらと長い時間走らずに、短時間でも効果が高い坂道を使ったトレーニングを取り入れましょう。逆に冬は、気温が低すぎる時間帯を避け、防寒ウエアをしっかり着こんで走ること。手袋や帽子などを使うと、より冷えを防げます。

読者のみなさんへのエール

先日、テレビ解説の仕事で、北京マラソンに行きました。

２００８年のオリンピックを控え、スポーツ熱が過熱している中国。その中国でも市民ランナーが増え、ランニングに対する感心が高まりつつあります。

北京マラソンのスタート地点で、ある風景を見て驚きました。数人の中国人市民ランナーが「体幹エクササイズ」のひとつをやっていたのです。

「えっ！　中国でも僕の本が読まれているの？」

しかし、冷静になって考えると、その疑問は解決しました。そもそも「体幹エクササイズ」は、世界中のトップランナーたちのウォーミングアップから学び編み出した方法論です。

かつて中国の長距離界で一世を風靡《ふうび》した「馬《マー》軍団」の選手たちがやっていたものも、「体幹エクササイズ」に含まれています。

おそらく、北京マラソンで見た光景は、すでに中国では一般的

になっている体操のひとつなのでしょう。

そんな世界中から学んだものの集大成だからこそ、「体幹エクサイズ」の意味は深く、そして、誰にでも応用できるグローバルスタンダードなのです。

走ることは誰にでもできます。しかし、身体を動かす機会が極端に少ない現代人たちは、本来の正しい走り方を忘れています。「体幹ランニング」をすることで、子供の頃、野山を駆け回っていた身体の感覚が、きっと取り戻せることでしょう。

最後に、本書を出版するにあたり、多くの方の助言や助力を得たことに感謝いたします。とくに、ライターの江口知子さんと講談社ＭｏｕＲａの鷹伽すずさんには、たいへんなご尽力をいただきました。この場をお借りして御礼申し上げます。

２００７年10月　　　　金 哲彦

金哲彦が実演する体幹エクササイズを動画で見よう!

http://moura.jp/lifestyle/taikan/

上記URLにアクセスし、下記のIDとパスワードを入力(半角英数小文字)すると、39〜55ページで紹介している体幹エクササイズを金哲彦が実演する動画がご覧いただけます。

あなたのID	ega4ra
パスワード	5ndoh

※この動画サービスは、予告なく終了することがありますので、予めご了承ください。

イラスト	おおさわ ゆう・松見文弥
撮影	林桂多・米沢耕(p.30)
モデル	蒲生麻由
ヘア&メイク	斉藤節子(メーキャップルーム)
取材・衣装協力	株式会社リーボックジャパン
企画・構成	江口知子

「体《たい》幹《かん》」ランニング

2007年11月27日　第1刷発行
2008年 9月 3日　第6刷発行

著者　金哲彦《きんてつひこ》

発行者　野間佐和子
発行所　株式会社　講談社
〒112-8001
東京都文京区音羽2-12-21

装幀・本文データ制作　株式会社ビーワークス
印刷所　凸版印刷株式会社
製本所　株式会社国宝社

【この本についてのお問い合わせ先】
編集部　デジタル事業局MouRa　Tel.03-5395-3551　http://moura.jp/
販売部　Tel.03-5395-3625
業務部　Tel.03-5395-3615(落丁本・乱丁本はこちらへ)

落丁本・乱丁本は購入書店名を明記のうえ、小社業務部あてにお送りください。
送料小社負担にてお取り替えいたします。なお、この本の内容についてのお問い合わせは、デジタル事業局MouRaあてにお願いいたします。

定価はカバーに表示してあります。

N.D.C.780 111p 21cm ISBN978-4-06-214421-6